莫萨

才系列

农产品、特产、食品直播带货

超级口才训练

程淑丽·编著

電子工業出版社.
Publishing House of Electronics Industry
北京·BEIJING

内容简介

这是一本指导主播如何进行农产品、特产、食品直播带货的图书。本书旨在帮助主播训练个人的超级口才，以便为其打下坚实的直播销售基础，在直播销售农产品、特产、食品时能够旗开得胜，业绩长虹。

本书设计打造了87个直播情景，精选了86种产品来模拟直播销售，提炼出在直播销售农产品、特产、食品时常见的257个互动误区提醒，3个焦点问题互动总结，42个经典语句和54个句式模板。通过环环相扣的直播销售训练来提升、强化主播在销售农产品、特产、食品时的口才。

本书适合农产品、特产、食品类直播带货的主播阅读，也可以作为农产品、特产、食品类企业销售人员和销售管理者的参考读物。

图书在版编目（CIP）数据

农产品、特产、食品直播带货超级口才训练／程淑丽编著 . —北京：电子工业出版社，2024.6
（莫萨营销口才系列）

ISBN 978-7-121-47735-5

Ⅰ.①农 … Ⅱ.①程 … Ⅲ.①网络营销－口才学 Ⅳ.① F713.365.2 ② H019

中国国家版本馆 CIP 数据核字（2024）第 079954 号

责任编辑：张　毅
印　　刷：三河市鑫金马印装有限公司
装　　订：三河市鑫金马印装有限公司
出版发行：电子工业出版社
　　　　　北京市海淀区万寿路 173 信箱　　邮编：100036
开　　本：787×980　1/16　印张：16　字数：303 千字
版　　次：2024 年 6 月第 1 版
印　　次：2024 年 6 月第 1 次印刷
定　　价：69.00 元

前　言

　　如今，直播带货已成为一种独具魅力和影响力的销售方式，我国的乡村振兴也已经在全面推进的路上。《农产品、特产、食品直播带货超级口才训练》正是针对直播带货从业人员和有意从事这一行业的人而编写的。它是一本系统、全面的训练指南，旨在帮助您掌握各种开场技巧、留人策略、产品推介方法、应对异议的技巧以及催单要单的技巧，从而在农产品、特产、食品的直播带货中脱颖而出，取得不错的业绩。

　　那么，作为一名主播如何在直播中实现农产品、特产、食品的销售呢？如何做到开场不冷场、高效控场？如何与观众互动吸引粉丝关注？如何在直播中与观众建立信任？如何激发观众的购买欲望？如何消除观众的消费疑虑，进而成功锁客促成直播成交呢？

　　本书设计打造了87个直播情景，精选了86种产品来模拟直播销售，提炼出在直播销售农产品、特产、食品时常见的257个互动误区提醒，3个焦点问题互动总结，42个经典语句和54个句式模板。

　　本书旨在帮助您成为一位出色的农产品、特产、食品直播带货主播，通过每个直播情景的四大特色模块内容——"直播情景再现""直播弹幕分析""主播互动演练""互动误区提醒"，全面训练您的口才，使您能够在直播带货的舞台上游刃有余，与观众建立深度的连接，并取得令人瞩目的销售成绩。

无论您是初入直播带货行业，还是已经在其中摸爬滚打多年，阅读此书后结合不断的自我操练，相信您能更加准确地把握观众真正的购买点，一开口便能留住观众持续观看，一开口就能激发观众的购买欲望。

　　希望本书能够为您提供满意的农产品、特产、食品直播带货口才提升方案，或能够给您一定启发。

　　本书在创作中难免有疏漏与不足之处，恳请您批评指正。

目 录

第 1 章

开场怎么说

▷▷ 1.1 开场9式

1.1.1 情景1：原产地开场

【直播情景再现】

　　某水果直播间开播后很快聚集了很多观众，原来是主播来到了有着"中国菠萝之乡"的广东省××县，此时直播间的镜头里主播小关正站在一望无际的菠萝田前面，蓝天白云，绿色的菠萝田中间点缀着一个又一个金色的果实，是一幅丰收的美景。公屏里很多人都在积极发言："好美啊！""菠萝的海！""××（地名）菠萝好吃！""当地直发吗？""金钻凤梨有吗？"什么价格收购的……

【直播弹幕分析】

　　1. 对于夸奖原产地风景的观众，主播可以更多地给他们展示优美的景色，同时借机介绍产品，毕竟宝地出好物。

　　2. 对于询问菠萝是不是当地直发的观众，主播可以对他们做出相应承诺，打消他们的顾虑。

　　3. 对于询问菠萝收购价格及其他涉及商业秘密的问题，主播可以选择忽略，挑选热门弹幕进行互动，使弹幕自然覆盖那些问题即可。

【主播互动演练】

　　主播：家人们，你们看我的身后是什么？一望无际的菠萝海！

　　主播：是的，主播现在就在广东省湛江市，来××（地名）县吃菠萝！据说在中国每10个菠萝就有4个来自××（地名），××（地名）可是有着"中国菠萝之乡"的美称！

　　主播：就像你们现在看到的，这里形成了中国最为壮美的菠萝种植景观带！

弹幕 1：蓝色的天，白色的云，绿色的菠萝海，真好看！

弹幕 2：原来菠萝是长在地上的！

弹幕 3：红土地！

弹幕 4：好美啊！

主播：××（地名）县日照充足，四季如春，土地肥沃，物产丰富，得天独厚的生长环境，孕育出天赐好果！

主播：家人们，大家看这个菠萝，身披龙鳞，头戴凤尾，绿黄相间，看起来就让人满口生津！

弹幕 5：金钻凤梨有吗？

弹幕 6：香水菠萝有吗？

主播：必须有！既然都来××（地名）了，家人们想吃什么我都得给大家满足！××（地名）香水菠萝和金钻凤梨，统统都有！

弹幕 7：当地直采直发吗？

弹幕 8：什么价收购的？

主播：××（地名）直发！全都是××（地名）直发啊！咱们是跟当地的果农直接合作的，并且投资建设了当地的仓储物流中心！

主播：××（地名）菠萝，直采直发！喜欢吃菠萝的家人们千万不能错过，不仅可以吃到正宗的××（地名）菠萝，还能帮助果农增收！

弹幕 9：酸不酸啊？

弹幕 10：××（地名）菠萝蛮好吃的。

主播：来，喜欢吃菠萝的家人们，看 5 号链接啊，咱们今天原产地直发，先下单先发货啊！

·············

⚠️ 【互动误区提醒】

1. 主播在原产地进行直播时要尊重地方的风土人情，不能为了博眼球而做一些出格的事情。

2. 主播要充分利用原产地的优势，提前了解相关风土人情文化背景，不要显得业余。

3. 主播最好有一定的农村生活经历，可以更好地融入直播外景。

1.1.2 情景2：农村事开场

▶ 【直播情景再现】

某农产品直播间正在上演滑稽的一幕，主播小富手里握着两个鹅蛋在前面跑，一只大白鹅呼扇着翅膀在后面紧追不放。原来是小富今天卖鹅蛋，为了让观众更清楚地了解他们家鹅蛋的品质，他直接到村里养殖场附近的河边直播捡鹅蛋，不曾想刚捡到几个，就被一只大白鹅给盯上了，这才被大鹅紧追不放。

这一幕更是将直播间里的气氛推向了高潮，很多观众都被小富和大白鹅给逗笑了，纷纷在公屏上发言："大白鹅好凶啊！""快跑！""鹅蛋不错！""哈哈哈！""小时候被鹅追过！""鹅蛋有没有优惠"……

🖥 【直播弹幕分析】

1. 对于在弹幕上讨论农村事的观众，主播可以借此跟他们拉近关系并建立信任，便于下一步进行销售。

2. 一定程度的意外或者说搞笑的片段会带来意想不到的效果，主播要随机应变来带动直播间气氛。

💬 【主播互动演练】

主播：家人们，我现在要去捡鹅蛋，今天我就带大家一起体验体验。这个活儿，可不像大家想象中的那么简单的嘞！

弹幕1：小时候在村里的池塘边捡过鹅蛋。

主播：前面那个河湾就是我们养鹅的地方，在岸边的草丛里就有鹅蛋，我们在那一片给大鹅铺了干草和秸秆，它们就把蛋下在那个地方。我每次都是趁它们不在才偷偷去捡的！

弹幕2：怕被鹅追吗？

弹幕3：哈哈哈。

主播：我们家的鹅都是散养的，天天在这河边，想去哪就去哪，下的每一颗鹅蛋都是高品质的新鲜鹅蛋！

弹幕4：散养得好，更好吃。

主播：我现在捡两个给大家看看，像这个草，你们看，一拨开下面就是鹅蛋。这两个蛋不错，个头挺大的！

主播：我们家的鹅蛋都是每天现捡的，现捡现发，所以大家吃到的都是新鲜的好鹅蛋！

弹幕 5：主播，危！

弹幕 6：看你后面。

主播：哎哟，我，啊……

弹幕 7：快跑，哈哈哈！

弹幕 8：大白鹅好凶！

弹幕 9：快把蛋还给它，哈哈哈。

主播：我小心着呢，还是被它发现了，它都追了我好多次了！屁股都被它啄了好几个印子！

弹幕 10：小时候就被大鹅追过！

主播：为了让家人们吃上高品质的鹅蛋，我可是豁出去了！9 号链接，家人们赶紧下单，我捡鹅蛋不容易啊，风险很高啊！

弹幕 11：有没有优惠价？

主播：只要是关注了主播的家人们，发送口令"大白鹅"给客服就能领取优惠券，领券后下单更优惠，大家快去领券！

弹幕 12：已下单，赶紧去捡。

…………

⚠️ 【互动误区提醒】

1. 主播在利用农村事进行开场时不能表演痕迹过重，否则会引起观众的反感。

2. 主播要有一定的农村生活经历，尤其在以农村事进行销售介绍时，不要让观众质疑其专业性。

3. 主播要掌控好直播的重心，农村事是推动销售的手段，要抓住机会促成销售，不能偏离主题。

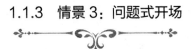
1.1.3　情景3：问题式开场

📺【直播情景再现】

某水果直播间正在推销一种新品猕猴桃，主播小佳刚切开了一颗猕猴桃，在镜头前展示其鲜嫩多汁的果肉。此时，公屏上很多人都在讨论他们平时吃猕猴桃时遇到的各种问题，有人说买到的猕猴桃不甜，有人说猕猴桃不好剥皮，有人说猕猴桃吃多了会上火，有人说不知道怎么挑选猕猴桃，有人说不知道怎么保存猕猴桃……

🖥️【直播弹幕分析】

1. 对于关注猕猴桃是否甜的观众，主播要注意将他们的关注点向猕猴桃的品种和产地上引导，体现出猕猴桃的甜度和风味的特点。

2. 对于觉得猕猴桃不好剥皮的观众，主播要注意展示的时候将镜头聚焦手部，向他们展示简单快捷的剥皮小妙招。

3. 对于担心吃多猕猴桃会上火的观众，主播要注意解释猕猴桃的去火功能，向他们重点强调猕猴桃的营养价值和健康功效，体现出猕猴桃是一种低卡高纤维的水果。

💬【主播互动演练】

主播：家人们，你们在吃猕猴桃的时候，是不是都遇到过不甜、酸倒牙、难剥等问题？

弹幕1：我不吃猕猴桃的主要原因就是怕酸！

主播：大家看主播手里这颗猕猴桃，我现在就给大家切开看看，这颗猕猴桃是××（地名）进口的阳光金果品种，甜度高达18度，果肉软嫩多汁！

弹幕2：这颗看着不错，就是不知道其他的怎么样？

弹幕3：我之前买的猕猴桃都不甜，还酸得要命。

主播：家人们是不是都在担心自己买到的猕猴桃不甜呀？你们看我切开的这颗猕猴桃的果肉，是黄色的，不是那种绿色，这种就不酸，而且甜度高！

主播：我们家卖的这个品种都是这种果肉，不是酸的！

弹幕4：酸了怎么办？

主播：我们这款阳光金果是经过严格筛选和检验的，保证每一颗都甜到你心里！

弹幕5：真的假的？

主播：大家尽管放心！不甜不要钱，不甜我给大家免费退！

弹幕6：剥皮还是很麻烦，每次都弄得手上黏糊糊的。

主播：我跟大家介绍一下，这款阳光金果的皮很薄很软，只要用小刀沿着果肉割一圈，就可以轻松剥下来。

主播：我教大家一个小妙招，像主播这样切，不管是什么猕猴桃都能轻易去皮，切芒果也能用这个方法！

弹幕7：看着挺简单。

弹幕8：一看就会，就是不知道实操怎么样？

主播：家人们，甜蜜滋味，健康美味，直播间这款阳光金果马上就要开始秒杀啦！这么好吃的猕猴桃，今天只要 ×× 元就能带走一箱！

弹幕9：上链接呀！

主播：好，听我口令，3、2、1！上链接！

⚠ 【互动误区提醒】

1. 主播的问题不能没有指向性，要注意将猕猴桃的相关特点与问题相结合，突出产品的卖点，不要做无用功。

2. 主播要利用提问与观众进行积极互动，不要只问不答，不要自问自答，不要忽略观众。

3. 主播要学习有效提问题的方法，不要问得毫无章法。

1.1.4 情景4：话题式开场

▶ 【直播情景再现】

某休闲食品直播间内主播小葛正在给观众介绍一款进口巧克力礼盒，这款巧克力礼盒包装精致，造型独特，同时价格也比一般的巧克力高。小葛为了让观众接受这款巧克力礼盒，选择了在年轻人中间特别火的"躺平"话题进行切入，发表自己的看法和意见，争取与观众实现共情。直播间公屏上很多人在发言，有人问这个巧克力有什么特别之处，有人问甜度怎么样，有人问送礼合适吗。

🖥【直播弹幕分析】

1. 如果要通过社会热门话题实现与观众的互动，主播就要时刻关注弹幕，把握直播间的氛围和观众的价值取向。

2. 对于弹幕上的恶意发言或者价值观扭曲的发言，主播可无视并引导积极正向的讨论方向。

💬【主播互动演练】

主播：家人们，最近"躺平"风在网上很火，直播间有没有"躺平"的朋友？给大家分享一下你们现在的神仙日子！

弹幕 1：直接入职保安，少走三十年弯路！

弹幕 2：卷不动了，回老家了。

弹幕 3：年轻人应该奋斗，谁不是卷过来的。

弹幕 4：心力交瘁，回家休养休养。

主播：现在大家都压力大，各行各业都在卷，"躺平"成风，确实可以理解。

主播：不过我感觉大家只是嘴上说说，实际上大家都在努力生活，可能有些累，但是从没放弃对美好生活的向往和追求！

弹幕 5：是啊，"躺平"也不过是无奈地自我调侃罢了。

主播：生活那么苦，为什么不吃点甜呢！犒劳一下自己，开心快乐能补充心灵能量！

主播：我给大家带来了从××（地名）进口的×××巧克力，金装巧克力礼盒，每一颗都是奢华体验！

弹幕 6：排面！

弹幕 7：我最喜欢×××家的巧克力了。

主播：主播本人就特别喜欢吃巧克力，不知道大家看没看过《阿甘正传》

这部电影，阿甘在长椅上抱着的那盒就是巧克力，他说妈妈告诉他，人生永远不知道下一颗巧克力是什么味道！

弹幕 8：阿甘！我很喜欢阿甘！

弹幕 9：还有那根飘落的羽毛，我也记得那个情节！

主播：其实阿甘和巧克力帮了我。有一段时间我心理状态出了点问题，不是现在流行的"躺平"，可能是有些抑郁吧。那个时候真是对什么都提不起兴趣，最后就是阿甘给了我力量，也让我喜欢上了吃巧克力。

弹幕 10：巧克力真的有种魔力，它能让人开心！

弹幕 11：没错！我每次难过的时候就会吃巧克力。

弹幕 12：抱抱主播，恢复了以后要热爱生活啊，不开心大不了就"躺平"嘛。

主播：谢谢大家，我也希望家人们每天都开开心心地，永远不要有坏心情！

主播：如果你感觉生活很无趣，像白开水一样的，千万不要放弃！就像阿甘妈妈说的，人生就像一盒巧克力，你永远不知道下一颗是什么味道的！

主播：我们的 ××× 金装巧克力礼盒也是一样，精心打造了 7 种口味，有牛奶巧克力、焦糖果仁牛奶巧克力、焦糖黑巧克力等。

弹幕 13：牛奶巧克力，YYDS（网络用语，意为"永远的神"）。

主播：喜欢的家人们，还没有关注的家人们点点关注，然后点击屏幕左上方的链接领取优惠券！今天直播间优惠价，××× 金装巧克力礼盒只要 ××× 元，来，35 号链接，刷新去拍！

…………

⚠️【互动误区提醒】

1. 当主播想通过社会热门话题与观众互动时一定要提前做足功课，不能一知半解地评头论足，否则很容易引起观众的反感。

2. 主播可以发表独特的看法或意见，但不能与观众的主流价值观念背道而驰，引发舆论风波。

3. 主播要调动自己情绪，挖掘自身的真情实感与观众产生共鸣，不能假装共情，更不能虚情假意。

1.1.5 情景5：吆喝式开场

📺【直播情景再现】

某农产品直播间开播，主播和助播都很热情，他们一唱一和，大声吆喝着欢迎新进来的观众，渐渐地，直播间有了一些人气，观众都在弹幕上留言互动，有人问主播哪的人，有人问什么时候介绍××，有人问××怎么卖，有人问直播间有什么优惠……

🖥【直播弹幕分析】

1. 对于询问农产品价格、要求介绍产品的观众，其已经表现出了明显的需求信号，主播要注意把握成交机会。

2. 对于询问直播间优惠的观众，主播可以向他们介绍优惠的幅度和特别之处，争取抓住订单。

💬【主播互动演练】

主播：欢迎各位宝宝们进来捧场！大家有钱的捧个钱场，没钱的捧个人场，空闲的捧个留场，喜欢的捧个情场！

助播1：欢迎各位帅哥美女们来到我们的直播间，进来直播间的是美女，还是帅哥呢？刷刷弹幕让我看到你哦！

弹幕1：妹妹，我是大哥。

弹幕2：来了，来了。

主播：欢迎×××，×××宝宝，是第一次来我们直播间吧？主播在这里祝所有直播间的宝宝们一帆风顺，二龙腾飞，三阳开泰！

助播1：四季平安，五谷丰登，六六大顺！

助播2：七星高照，八方来财，九九同心！

主播/助播1/助播2：十全十美！

弹幕3：话说得挺漂亮！

弹幕4：什么时候介绍××？

弹幕5：××怎么卖？

主播：咱们按顺序来啊，家人们把想要的东西打在评论区，我一个一个给大家讲啊！

…………

⚠️【互动误区提醒】

1. 主播要注意进行完整的开场发言，不要轻易被弹幕打乱节奏，开场发言结束后，再及时回复弹幕内容。

2. 针对弹幕的无关内容及不理性言论，主播不要理会，请专业人员在后台处理即可。

3. 无论直播间热度如何，主播都不要被影响心态，要坚持以热情、礼貌、专业的姿态完成直播开场。

1.1.6 情景6：福利式开场

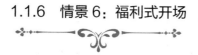

📺【直播情景再现】

某休闲食品直播间正在销售几款坚果礼盒，主播小柏面前的桌子上摆放着一款节日特别版坚果礼盒，该礼盒设计精美，内容丰富。考虑到节日临近，特别版礼盒的市场销售时间比较紧迫，小柏准备用送福利的方式来让这款节日特别版坚果礼盒冲销量。

弹幕上很多观众都在发言，有人问坚果礼盒里面都有什么，有人问坚果的口味有哪些，有人问坚果的营养价值如何，有人问送的礼盒是不是同款，有人问单独买有没有优惠……

🖥️【直播弹幕分析】

1. 在弹幕上询问坚果礼盒内容的观众可能有购买坚果类产品的愿望，正处于货比三家的阶段，主播一定要讲清楚礼盒内容并突出其特色。

2. 对于在弹幕上询问送的礼盒是不是同款的观众，主播要给他们讲清楚福利的内容和参与方式。

3.对于在弹幕上询问单独买有没有优惠的观众,如果其询问的优惠与营销方案相冲突,主播可将其引流到同类礼盒产品上去。

💬【主播互动演练】

主播:家人们,今天你们赶上了!我们刚刚跟品牌方谈好,今天在直播间给大家送福利!撒福气!

弹幕1:有什么好东西?

弹幕2:好好好。

主播:经常买我们家东西的家人应该都知道,我们家有一款经典坚果礼盒,基本是平台坚果销量排行榜上前十的常客!

主播:今天,主播给大家直接送!前1000名下单的家人,每个人都可以享受这个福利!

弹幕3:真的假的?

弹幕4:快说怎么送?

弹幕5:送经典坚果礼盒?是不是一模一样的?

主播:直播间的所有家人们,大家注意了,参与领取福利的方式是买二送一,也就是说,买两份节日特别版坚果礼盒,直接送一份经典坚果礼盒!

弹幕6:还不是要买!

主播:节日马上就到了,正是与亲戚朋友联络感情的时候,走亲访友肯定得拿点像样的礼物不是?招待客人更得精心准备零食点心,咱们这款节日特别版坚果礼盒最合适不过。

主播:经常在我们家买坚果的家人们,不管是日常囤货还是节日招待送礼,咱们通常随便买买就已经超过一个礼盒的量了!现在又有节日优惠,礼盒的量更多,品类也更丰富,还能直接送经典坚果礼盒,怎么算都是很划算的事啊!

弹幕7:确实,单独买太贵,不划算。

弹幕8:礼盒里都有什么?不喜欢吃松子,有没有松子?

主播:咱家这款节日特别版坚果礼盒真的是非常的精致和丰富,里面有核桃、杏仁、腰果、开心果、葡萄干等十几种坚果和干果,单独买的话,总价几乎是节日礼盒的两倍了!

主播：如果家人们有不喜欢吃的坚果，可以在下单时备注，咱们都可以替换成节日礼盒里的其他品类坚果！

弹幕 9：不需要两份，就买一份送不送？

主播：咱们是买二送一啊，两份节日特别版坚果礼盒，直接送一份经典坚果礼盒。需要一份的家人可以看看咱们家的 9 号链接，这也是一款节日坚果礼盒，这款单独购买也送礼物！

弹幕 10：我要四盒，送两盒吗？

主播：买二送一，买四送二，以此类推，上不封顶啊家人们！

主播：咱们今天买二送一的福利给到大家，直播间真的是卖一份亏一份，卖一份少一份，这个本来是我们打算庆祝粉丝量到 20 万的福利，但是主播现在想冲一冲节日销量和直播间实时在线观看的人数，所以忍不住了！

弹幕 11：上链接。

弹幕 12：我自己也要吃，刚好囤点。

主播：好！运营听我口令，我说 321 就直接上链接！ 3、2、1！ 上链接！家人们，赶紧去抢，买二送一，拿下三份坚果礼盒只需要付两份坚果礼盒的钱！赶紧冲！

弹幕 13：已抢到！

…………

⚠ 【互动误区提醒】

1. 主播使用"送福利"这一策略时应注意不能让观众觉得产品质量不过关或者有猫腻。

2. 主播可以通过"送福利"的方式来使观众积极参与直播间的活动，但活动难度不能过大，以免引起观众的反感。

3. 若观众的需求与营销设计的购买方式相冲突，主播不能对观众需求直接给予否定回答，而要抓住每一个成交机会。

1.1.7　情景 7：宣传式开场

📺 【直播情景再现】

　　某食品饮料直播间正在销售几款品牌牛奶，主播小山正在给观众介绍一款全脂生牛乳。他在开始介绍之前先给直播间和自己打了个广告，借此慢慢培养忠实粉丝。

　　弹幕上有不少人在发弹幕互动："天天播吗""在哪看预告""有没有不含乳糖的牛奶""有没有低脂的牛奶""牛奶的保质期是多久""牛奶的口感如何"……

🖥 【直播弹幕分析】

　　1. 对于询问直播安排相关问题的观众，其可能对主播和直播间的整体风格比较满意，主播要细心解答。

　　2. 一般来说，消费者选购牛奶，首先关注品牌，其次关注的是牛奶的品质、营养、口感等，目的不外乎补充钙质、增强抵抗力、改善睡眠等，主播可以抓住这些重点进行介绍。

💬 【主播互动演练】

　　主播：欢迎所有来直播间的家人们，我们每天的直播时间是晚上 7 点到 10 点，风雨不改，无论你来或者不来，我都在这里等你，动动你的小手点个关注，想来的时候就过来看看！

　　主播：辛苦一天了，希望家人们能在我的直播间里获得快乐和实惠，买卖不成情意在，我们的东西将会一直出新，为你们带来优惠，我们也会一直陪着大家，帮大家消乏解闷！

　　弹幕 1：天天播吗？

　　弹幕 2：有没有活动预告？

　　主播：每天都播，天天陪着大家，只要我们公司还在，我们就在！

　　主播：家人们关注咱们直播间后，会在消息窗口接收到以后的活动预告，还可以去我们的动态查看！

主播：好了，家人们，今天先给大家分享的是 ××（品牌名）全脂生牛乳，这个品牌大家应该都知道，民族品牌，老牌子了！

主播：他们家的牛奶都来自自家的牧场，这款全脂生牛乳更是源自专属牧场，生产全过程实施精细化管理！

弹幕 3：什么意思？

主播：专属牧场的奶牛每天吃科学配比的饲料，喝四季如一的恒温水，住电动化清理的干净牛舍，听舒缓的轻音乐，其牛奶从牧场到餐桌更是全程监控！

弹幕 4：养牛也现代化了。

弹幕 5：有没有低脂牛奶？

弹幕 6：有没有不含乳糖的牛奶？

主播：喜欢低脂牛奶的家人们看 4 号链接，需要不含乳糖的牛奶的家人们看 8 号链接！咱们家什么都有，还有什么需要，家人们发弹幕让我看见啊！

弹幕 7：这个全脂生牛乳保质期多久？

主播：保质期 6 个月啊家人们，都是新鲜日期的。

主播：日常价 ×××元一箱的全脂生牛乳，今天在我们直播间，×× 元就能拿下！家里孩子长身体或成年人要补钙的，现在买是最划算的！

弹幕 8：包邮吗？

主播：家人们放心啊，咱们直播间的价格都是包邮价！ ××（品牌名）全脂生牛乳，×× 元，×× 元就直接拿下啊。来，6 号链接，刷新去拍！

弹幕 9：已买。

主播：还没有下单的赶紧了，直播间活动就今天一天，牛奶数量有限，先抢先得！

…………

⚠️ **【互动误区提醒】**

1. 主播进行宣传时要重点传达直播间能给观众带来什么利益，要有情绪的感染，不要像读报纸一样语气沉闷。

2. 主播进行宣传时不能传达与实际不相符的虚假或误导性的信息，欺骗或误导观众。

3. 主播进行宣传时不能使用非法或不规范的标识，不能侵权。

1.1.8　情景 8：情境式开场

📺【直播情景再现】

　　某水果直播间内主播小宇正在跟观众聊田园风光、农村风情，在他的描绘中，很多人都或多或少地被勾起了相关回忆，那是大家脑海中留存的乡野回忆。大家被小宇的文雅和才识所吸引，直播间的人气不断攀升。

🖥【直播弹幕分析】

　　1.很多观众会因为主播的个人特质而对特定品牌或者特定直播间产生感情，这种感情和忠实是销售转化的强大动力。

　　2."爱屋及乌"，观众会把自己对主播的喜爱转移到他所销售的商品上，对销售行为的接受程度很高。

💬【主播互动演练】

　　主播：大家好，我是小宇，很高兴今晚跟大家见面！

　　弹幕 1：你好啊！小宇。

　　弹幕 2：晚上好。

　　主播：夏天到了，知了又叫个不停了。我想起小时候在姥姥家里过暑假，那时候村里还没有空调，姥姥就坐在我旁边给我扇扇子，喷花露水。那个时候村里的夜很黑，但夜空也更漂亮啊，满天繁星，一闪一闪的。饿了，灶台的锅里还有锅巴，渴了旁边就放着冰在桶里的西瓜、水蜜桃、荔枝。真的是，太怀念了！

　　弹幕 3：是啊，想姥姥了。

　　弹幕 4：总感觉小时候在村里吃的西瓜和水蜜桃都比现在的更好吃。

　　主播：在钢筋水泥的"森林"住久了，天天心里想着村里的小河、树林，现在这个时候正是摸鱼的好时候，小河里的水凉凉的，洗个澡浑身就没有燥气了！

　　弹幕 5：小时候因为下河洗澡没少挨揍。

　　主播：哈哈哈，挨揍是正常的，小时候不懂事，小孩子野外游泳是很危险的。

主播：今天直播间到了一批水蜜桃，大家可以买一些回家跟家人们一起吃，不管在哪儿生活，家人总是爱的源头，一家人围坐在一起吃西瓜、吃桃子，是很温馨的事情。

弹幕 6：小时候最喜欢的就是爸爸妈妈切西瓜吃。

主播：喜欢吃水蜜桃的家人不要错过这批桃子，正宗的 ××（品牌名）水蜜桃，点击 3 号链接下单，就能吃上鲜嫩多汁、清甜爽口的水蜜桃！

弹幕 7：已下单，水蜜桃有没有坏的？

主播：坏果必赔，家人们不用担心！

…………

⚠ 【互动误区提醒】

1. 主播在描述情境时要有目的性，不要毫无章法。

2. 主播要有广泛的涉猎，要有系统的知识体系，但不能高高在上，更不能与观众有距离感。

3. 主播利用情景进行开场的最终目的还是销售，故不要忘记及时切入正题。

1.1.9 情景 9：故事式开场

▶ 【直播情景再现】

某白酒直播间正在热卖几款白酒，主播小池正在给观众介绍一款香气浓郁的 ××（品牌名）老窖。他先是讲了一个故事来激发观众的好奇心，直播间有不少观众对这款 ××（品牌名）酒表现出了浓厚的兴趣，大家纷纷在弹幕上提出自己的问题，有人问这款 ××（品牌名）酒是什么口味，有人问这款 ××（品牌名）酒的度数是多少，有人问 ××（品牌名）酒如何辨别真假……

🖥 【直播弹幕分析】

1. 对于询问 ××（品牌名）酒口味的观众，其可能比较关注 ××（品牌名）酒的品质、特色、文化历史等方面问题。

2. 对于询问 ××（品牌名）酒度数的观众，其可能比较关注 ××（品牌名）酒的醇度、适合场合等方面问题。

3. 对于询问 ××（品牌名）酒如何辨别真假的观众，其可能比较关注 ××（品牌名）酒的正规销售渠道、防伪标识等方面问题。

【主播互动演练】

主播：大家好，欢迎来到 ××× 直播间，我是你们今天的好物分享官小池，今天我给大家带来的是非常有名气、有历史、有品质的白酒——××（品牌名）酒！

主播：××（品牌名）酒是中国最古老的历史名酒之一！它的历史可以追溯到商周时期，距今已经有三千多年了！它是由商朝祭祀用的祭祀酒发展而来的，所以它也被称为"神之美酒"！

主播：我给大家讲个故事。传说，酒神杜康某夜梦见一白胡须老者，他告诉杜康将赐其一眼泉水，只要杜康在九日内到对面山中找到三滴不同的人血，并滴入泉水中，即可得到世间最美的东西！

主播：杜康次日起床，发现门前果然有一泉眼，泉水清澈透明。他赶紧出门上山寻找三滴血。终于在第三日，杜康遇见一文人，与其吟诗作对拉近关系后，请其割指滴下一滴血。第六日，他遇到一武士，杜康说明来意以后，武士二话不说，果断出刀慷慨割指滴下一滴血。直到第九日，杜康才在一棵大树下找到第三个人，只见那大树下睡着一呆傻之人，嘴里支支吾吾，满身脏乱。

主播：杜康想要另寻第三滴血，无奈期限已到，他只能花一两银子，买下傻子一滴血。回家后，杜康将三滴血滴入泉中，泉水立刻翻滚，热气蒸腾，香气扑鼻，品之如仙如痴。因为用了九天时间寻三滴人血，杜康便将其命名为"酒"。

弹幕 1：有点玄乎。

弹幕 2：我听过这个故事。

主播：这个故事是真是假现在已经无法考证了，但我手里的这瓶酒可是货真价实的，是传承了悠久历史和文化的 ××（品牌名）老窖！

弹幕 3：××（品牌名）是好酒！

主播：现在我打开瓶盖先闻一下这个酒香。打开之后呢，一股浓郁而清雅的香气扑面而来，这就是 ××（品牌名）老窖独特的"窖香"，它是由于长期陈放在地下窖池中形成的一种复合香气，非常诱人！

　　主播：家人们，你们仔细看下这个酒体，酒体清澈透明，就证明这款酒的纯净度是非常高的，主播自己也经常买这款××（品牌名）酒，是真的非常好喝，口感也好，酒精度数也不算高，即使是几个朋友聚会喝一喝的话也完全不用担心喝了会上头。咱们今天直播间活动做下来还不到 100 块钱一瓶，××（品牌名）老窖，作为粮食酒真的太香了！

　　弹幕 4：这款 ××（品牌名）酒是什么口味的？

　　主播：×× 朋友，一看就特别懂行、很懂白酒对不对？咱们这款 ××（品牌名）老窖呢，属于浓香型白酒，它的口感比较醇厚、绵柔、回甘，入口有一种甜甜的感觉，但是不会腻口，而且余味很久，让人回味无穷！如果你喜欢浓香型白酒的话，这款 ××（品牌名）老窖真的是很不错的选择哟！

　　弹幕 5：这款酒的度数是多少？

　　主播：我手里这款 ××（品牌名）老窖的度数是 52 度，属于常规的白酒度数，适合大多数人的口感和饮用习惯。大家还有什么问题可以发弹幕提问主播，主播一一为大家解答哟！

　　弹幕 6：××（品牌名）酒如何辨别真假？

　　主播：××（品牌名）酒作为中国四大名酒之一，确实有不少鱼目混珠的假酒在市场上流通，所以大家在购买时一定要注意辨别真假。我先给大家看看我们家的授权书，我们家是正规的授权经销商，所以我们卖的都是 ××（品牌名）老窖正品。

　　主播：××（品牌名）酒的瓶身上都有一个防伪标签和二维码，把这里刮开可以看到一个防伪码和一个电话号码，你们可以拨打这个电话或者扫描这个二维码去网站上查询真伪。我们保证让大家买得放心、喝得安心！

　　…………

⚠【互动误区提醒】

　　1. 主播在介绍白酒产品时要注意直播间的规则，不得在直播间试喝或者劝喝。

　　2. 主播在直播销售白酒产品时不得违反公序良俗和法律法规，不应与社会主流价值观念相背离。

3. 关于××（品牌名）酒的相关历史、文化、奖项等内容，主播不可杜撰、不可胡编乱造不存在的内容。

▷▷ 1.2 句式模板 5 型

1.2.1 展示型开场与句式模板

1. 家人们看啊，这些＿＿＿色泽鲜艳，肉质细腻，甜度适中，＿＿＿，不仅可以生吃享受清爽的口感，还可以做成＿＿＿搭配＿＿＿或＿＿＿食用。

2. 我们的＿＿＿含有丰富的维生素＿＿＿和＿＿＿素，能够有效预防＿＿＿疲劳和＿＿＿干涩，既可以＿＿＿增加＿＿＿的食欲，也可以＿＿＿来提升营养。

3. ×××（地名）产的＿＿＿皮薄肉厚，酸甜适口，富含＿＿＿物质和＿＿＿素，能够抵抗＿＿＿和延缓＿＿＿，无论是做＿＿＿增加＿＿＿的鲜美，还是＿＿＿提升＿＿＿的滑嫩，都是健康时尚的食用方法。

1.2.2 对比型开场与句式模板

1. 与那些＿＿＿相比，这些＿＿＿的优势在于它们更加鲜嫩多汁，＿＿＿，皮更容易＿＿＿，没有＿＿＿，富含维生素＿＿＿和＿＿＿，不仅能够增强人的＿＿＿能力，而且还能够美容养颜和＿＿＿。

2. 这些＿＿＿的香味、外观和品质都比那些＿＿＿好得多，它们更加红润香甜，＿＿＿，形状也更完整，没有任何＿＿＿残留，也没有＿＿＿，而且还含有大量的果胶、纤维素和＿＿＿，能够促进＿＿＿，降低＿＿＿和＿＿＿。

3. 我们可以很明显地发现，这些＿＿＿更加＿＿＿，它们的颜色、气味和＿＿＿都比那些＿＿＿更好，它们更加饱满，颗粒也更紧密，＿＿＿，而且还含有多种维生素＿＿＿、＿＿＿和＿＿＿，能够滋养＿＿＿、保护＿＿＿和提高＿＿＿。

1.2.3 引导型开场与句式模板

1. 如果你想通过吃来____，或者降低你的____，或者提高你的____，那么你一定不能错过这个____。____可以给你带来很多好处，像____、____和____，我现在就给大家介绍一下！

2. ____是如何影响你的____、____和____呢？家人们可能还不太清楚食用____的好处，但是这些都是有____依据的！每天____个，养成习惯，让你____！

3. 家人们，你们有没有想过，____是怎样生长的呢？____是如何从____变成____的模样的？为什么大家都说____，到底____富含哪些营养物质，我现在就来给大家一一介绍！

1.2.4 信任型开场与句式模板

1. 家人们，我前一段时间____，整天____、____，后来听____的建议进行食补，吃了一段时间的____，确实有很明显的改善，____好多了，____也有所舒缓！这都是我的亲身经历，所以才推荐给大家！

2. 我喜欢吃____，去年我特意赶去____吃____，____的风景和文化都让我印象深刻，但是最让我忘不掉的还是____的特产____。关于____的味道记忆现在还印在我的脑海里！

3. 我作为一名____人，最喜欢吃的就是____和____，还记得以前上学的时候在____吃过一次____，那个滋味，久久不能忘怀啊！

1.2.5 专业型开场与句式模板

1. 我作为一个____爱好者，对于____还是有些研究的。____是一种____水果，原产于____、____和____，后来传播到____、____和____。虽然说不同的产地有不同的____品种，每个品种都有自己的____和____，但是说最正宗的____，还要数____。

2. 相对而言，____的____品质较____，口感较____，价格也较____。其中最著名的品种是____，它的果肉呈____色，有____般质感，甜中带苦，气味强烈，有____。____的产量____，在____是属于____的品种，每年的产量都是____的。另外，____还有____、____、____、____等品种，都各具特色。

3. 从专业的角度来说，不同产地的____口感和____的区别主要取决于____、____和____。一般而言，____的____口感最____，价格____，性价比____。我们家的____就是产自____，属于当地优质的____！

▷▷ 1.3 经典语句3类

1.3.1 宣介式开场经典语句

📖【经典语句1】

一骑红尘妃子笑，无人知是荔枝来。

📖【经典语句2】

日啖荔枝三百颗，不辞长作岭南人。

📖【经典语句3】

五月杨梅已满林，初疑一颗值千金。

📖【经典语句4】

梅子金黄杏子肥，麦花雪白菜花稀。

📖【经典语句5】

西园晚霁浮嫩凉，开尊漫摘葡萄尝。

1.3.2 场景式开场经典语句

📖【经典语句 1】

江上往来人，但爱鲈鱼美。君看一叶舟，出没风波里。

📖【经典语句 2】

酒后高歌且放狂，门前闲事莫思量。

📖【经典语句 3】

满筐圆实骊珠滑，入口甘香冰玉寒。若使文园知此渴，露华应不乞金盘。

1.3.3 专卖式开场经典语句

📖【经典语句 1】

都说冰糖葫芦儿酸，酸里面它透着甜；都说冰糖葫芦儿甜，甜里面它透着酸。糖葫芦好看它竹签穿，象征幸福和团圆，一吃年轻二十年！

📖【经典语句 2】

大西瓜圆又圆，好吃好看香又甜。既新鲜又美味，能润喉来能润肺，美容养颜好宝贝。

📖【经典语句 3】

鸡蛋，鸡蛋，新鲜鸡蛋。这鸡蛋不是普通的鸡蛋，这是土鸡下的鸡蛋。这土鸡不是普通的土鸡，这是山里放养的土鸡。这山不是普通的山，这是人间仙境般的山！

第 2 章

留人怎么留

▷▷ 2.1 限售留人

2.1.1 情景 10：限时售

【直播情景再现】

　　某休闲食品直播间正在热卖一系列鸭货，主播小武正一边试吃一盒麻辣味的鸭脖，一边向直播间观众介绍鸭货品牌背后的故事。直播间有不少慕名而来的观众，知道这个品牌但是第一次听到品牌背后的故事，纷纷表示好奇。

　　说完故事，小武介绍起了本场直播的福利——限时促销。说完促销规则后，直播间观众明显增多，尤其是多了很多新观众，他们不断询问鸭货的口味、价格、保质期等相关问题。

【直播弹幕分析】

　　1. 因故事而停留的观众，其可能经常吃这个品牌的鸭货，但没有关注过品牌背后的文化，主播可利用这点，说明鸭货品牌的文化底蕴和历史沉淀。

　　2. 直播间观众因限时促销活动而变多，这是个很好的机会，主播还可适当宣传一些其他产品。

　　3. 不断询问鸭货口味、价格、保质期等的观众，其应该是刚进直播间的新观众，对直播间的限时促销活动还不够了解，主播要加强对促销活动规则的介绍，把规则讲清楚、讲明白。

【主播互动演练】

　　主播：家人们，相信大家都知道，湖北的山，湖北的水，湖北的热干面有一点儿烫嘴。本店是湖北××（地区名）老字号，鸭脖鸭翅鸭架子，辣的麻的过哈瘾！

弹幕 1：来了来了！

弹幕 2：好！我就喜欢吃湖北的鸭货！

弹幕 3：这个牌子的鸭脖绝了！

主播：谢谢大家的喜欢，鸭货确实是我们这边的特产了，只要来旅游啊，必须带点鸭货回去！但是大家在线下店铺买的，往往都稍微贵一点，尤其是外地的小伙伴一般都在车站附近买，那就更贵了。不过既然来了小武的直播间，这些统统不再是问题！因为今天小武的直播间大打折！

弹幕 4：我不想等了！直接上链接吧，我现在就要买！

主播：家人们别急，小武有个消息告诉大家，由于小店的鸭货实在是卖得太火爆了，尤其是鸭脖，已经有点供不应求了，本场直播能拿到的库存实在是不多了，因此只能限时销售 40 分钟，鸭翅鸭架的库存稍微多些，全场都能热卖！

弹幕 5：不会吧？我就想吃鸭脖啊！

弹幕 6：我也是！

弹幕 7：我比较喜欢吃鸭架，嘿嘿。

主播：家人们别急，我知道鸭脖确实不错，但是就像这位叫"×××"的家人说得一样，鸭架鸭翅那些也是很不错的！而且啊，虽然是限时销售，但是还是可以支持大家 40 分钟的抢购的，只要大家手速快，鸭脖也没问题！

主播：不过呢，小武也能体会到大家想要鸭脖的心情，为了向大家表示歉意，今天鸭脖全部打 9 折，抢到就是赚到！其余的鸭货也打 8 折，性价比更高！

弹幕 8：小武万岁！

主播：家人们喜欢小武就点点关注刷刷免费的小礼物吧！给直播间涨涨人气，下次小武开播，会尽量安排更多大家喜欢的东西！

弹幕 9：好好好！

主播：这边马上上链接了，家人们，鸭脖 1 号链接，限时 40 分钟，全部 9 折！鸭架 2 号链接，8 折不限时热卖！鸭翅 3 号链接，也是 8 折！鸭锁骨 4 号链接……大家做好准备了！

弹幕 10：冲！

…………

⚠️ **【互动误区提醒】**

1. 主播进行限时促销时不要售完即止，要有其他鸭货进行同步销售，通过限时折扣的噱头，带动其他产品的销量。

2. 限时促销不一定是库存不足，只是一种促销手段，但主播还是要给观众一个理由，让观众觉得顺理成章，要照顾观众的情绪。

3. 主播不要浪费限时促销期间的流量，要多引导观众进行点赞、关注、发言等，但要注意方式方法。

2.1.2 情景 11：限量售

📺 **【直播情景再现】**

某水果直播间正在销售几个品种的苹果，主播小诗把直播间设在了自家果园，自己一边现摘和试吃苹果，一边给观众介绍着不同品种苹果的特点，给直播间观众进行多角度的展示。

直播间观众很多，不少观众对小诗拥有这么大的果园表示羡慕，也有观众怀疑主播只是果园聘请的职业主播，并不拥有这片果园；还有观众怀疑主播展示的苹果和最终发货的苹果并不一致；另外，更多的观众更加关心苹果本身的问题，如口感、价格、包装、运输等。

🖥️ **【直播弹幕分析】**

1. 观众进入直播间可能只是被大面积的果园吸引，又或者被标题、封面等要素吸引，主播要注意引导他们关注苹果本身。

2. 观众关注的口感、价格、包装、运输等问题是和苹果销售密切相关的，这方面的问题主播要做好认真回答的准备。

3. 观众怀疑直播间展示的苹果和最终发货的苹果不一致，主播可介绍清楚果园具体的所在地，向他们解释说明苹果产地和发货地是一致的，并可以作出类似"假一赔十"之类的承诺，获取他们的信任。

💬**【主播互动演练】**

主播：欢迎各位朋友来到小诗的直播间，大家看到我身后这片果园没有，是不是好多苹果？

弹幕 1：主播声音真好听！

弹幕 2：哇，我最喜欢吃苹果了！

弹幕 3：这是什么苹果？

主播：谢谢朋友们，我给大家介绍一下。大家看我右手边，这一筐都是刚采摘下来的 ×× 品种的苹果，这款苹果口感脆，水分多，汁水甜！

主播：大家再看我左手边这一筐，这是另一个品种的苹果，大家注意到没有，这个品种的苹果没那么红，但是它的口感更脆！汁水不仅甜，还略有点酸味，口感更加丰富哟！

弹幕 4：两种苹果一个价吗？

主播：这位家人问得好，两种苹果不是一个价的哈。这款更红的苹果要贵一点，因为它不仅口感好，而且营养价值也更高，并且啊，果园里这款苹果的产量不是很高，有一部分已经被当地的水果店预订了，所以本场直播这个品种的苹果是限量销售的哈。

弹幕 5：啊？好可惜！

弹幕 6：其实还好，你一个人吃得了多少嘛，既然开了直播肯定有得卖！

弹幕 7：对对对！不要被主播骗了！

主播：家人们别急，这个品种的苹果本场确实是限量销售的哈，而且链接还没上，大家可以做好准备，一会儿在 4 号链接，限量 200 斤！大家一定要手速快！

弹幕 8：200 斤是多少我没有概念啊，真的可以抢到吗？

主播：理解您的心情，但是这款苹果的产量实在不高，卖得也很好，前几天已经卖出不少了，所以大家手速一定要快哦！提醒大家哈，另外一个品种的苹果还有很多，今天不限量，也更便宜，就是口感稍有区别，大家也可以尝试一下，在 8 号链接哦，已经上了！

主播：家人们喜欢小诗就点点"关注"刷刷免费的小礼物吧！

弹幕 9：还等什么，快上链接！

主播：好的好的，马上上链接，考验大家手速的时候到了！

弹幕 10：看我的！

⋯⋯⋯⋯

⚠ 【互动误区提醒】

1. 主播不要只顾介绍优惠活动而忽略对苹果本身的介绍，要不时地向观众展示和介绍苹果的口感以及不同品种苹果的区别，照顾新进来的观众。

2. 主播不要直接把限量促销的数量全部告诉观众，可预留一些数量做备用。

3. 主播不要浪费限量促销的流量，可适当引流至直播间其他在售产品。

2.1.3　情景 12：限价售

📺 【直播情景再现】

某地区 ×× 特产品牌直播间正在热卖特产大礼盒，正值年终大促时段，主播小亮准备了一些福利活动，正在向直播间的观众介绍。直播间观众一边看直播一边踊跃发言，他们都对礼盒价格、礼盒内容、优惠力度等内容非常感兴趣。

🖥 【直播弹幕分析】

1. 正值年终大促时段，对观众来说也相应地正值春节囤货期间，他们自然而然会关注大礼盒的优惠力度以及具体内容，想更便宜地买到更多合适的特产，主播要解释定价理由，说清优惠方式。

2. 对于关注礼盒内具体特产内容的观众，其可能有忌口，主播可向其简单介绍礼盒内的热卖单品，也可同时推荐礼盒系列产品供其挑选。

💬 【主播互动演练】

主播："魅力 ××（城市名），仙山灵水！"欢迎来到"×××"直播间！

弹幕 1：买年货咯！

主播：各位家人们想必都在囤年货吧，那大家来"×××"直播间真是来对地方了！今天有神秘福利哦！

弹幕 2：什么什么？

主播：大家知道我们"×××"直播间卖的都是本地的特色美食，妥妥的××（城市）特产，大家平时都很喜欢，所以呢，这次过年前，我们挑选了店里销量前 30 的特产组成了特产大礼包，优惠卖给大家，让大家一次买好，一次买够，一次满足！

弹幕 4：我就想知道什么价！

主播：好的，麻烦大家在弹幕点点免费的小礼物，发发弹幕，等直播间点赞到 10 万的时候，我们就马上开始特价秒杀特产大礼包！限时 1 小时，前 20 分钟内下单的，6 折！中间 20 分钟内下单的，7 折！最后 20 分钟内下单的，8 折！

弹幕 5：666！

弹幕 6：冲冲冲！

主播：家人们给力点！点赞一到 10 万，马上上链接开抢，不过提醒大家，由于活动火爆，每个账号限购 5 件哦！还请大家理解。

弹幕 7：快快快！马上 10 万点赞了！

主播：好的，家人们，正好马上是整点，时间一到，立马开抢！

弹幕 8：我要抢 5 件！

…………

⚠ **【互动误区提醒】**

1. 主播要事先告知直播间观众促销活动大致开始的时间，不要消耗他们的耐心。

2. 主播要注意介绍清楚促销活动的规则和具体参与方式，不要采取不好参与、不便理解的促销方式。

3. 主播进行促销时，设置的优惠、折扣力度要合理，不要为了促销而忽略成本。

▶▶ 2.2 福利留人

2.2.1 情景 13：抽大奖

📺【直播情景再现】

　　某速食产品直播间正在热卖一款红油面皮，主播小欧正在拆开一袋红油面皮，准备向观众展示细节。考虑到春节刚过，方便速食产品是很多上班族和学生党必囤的食品之一，小欧决定在本场直播开展抽奖活动。随着小欧的介绍，直播间观众越来越多，大家纷纷发弹幕上问自己关心的问题，有人问面皮是不是油炸的，有人问口味问题，有人问辣度，有人问整装和散装是不是一样的，还有人问抽奖的奖品和直播间正常售卖的是不是同款……

🖥【直播弹幕分析】

　　1. 弹幕上关注面皮是否为油炸制品的观众，其可能比较关注这类速食产品对身体的健康影响，主播应结合面皮的制作工艺客观回答他们的问题。

　　2. 弹幕上关注整装和散装区别的观众，其可能之前直播购物时遇到过整装与散装存在区别的问题，可以的话，主播要向其作出保证。

　　3. 弹幕上关注奖品的观众，其可能只是对直播间的抽奖活动比较感兴趣，主播要在合适的时候介绍抽奖规则。

💬【主播互动演练】

　　主播：哈喽，下午好，咱们今天给大家带来的是一款 ××（产地名）特产——红油面皮！这款面皮现在在网络上可火了，好多明星都直播卖过哦！

　　助播：宝宝们，这款红油面皮咱们直播间是第一次推荐，所以今天我们一共安排了 5 轮直播间抽奖活动！

　　主播：对的，今天直播间每到整点就会抽奖，每次抽 5 位粉丝宝宝，为其免单一整箱红油面皮。马上到八点了，宝宝们千万不要离开直播间哟，我们的抽奖将会准时开始！没点关注的宝宝们抓紧时间点点左上角加关注哟！

弹幕 1：这个面皮是不是油炸的？

主播：不是哦，这款面皮不是油炸的，和市面上的其他速食面不一样，这款面皮有"非油炸方便面皮"专利哦，公开可查，专业就是实力！

弹幕 2：有啥口味啊？红油辣不辣？

主播：这款面皮目前有香辣味和酸辣味哦，都是基于香辣红油的，对了，这款面皮还有"红油提炼系统"专利，也是公开可查的！

弹幕 3：通过抽奖送的和平时卖的是一样的吗？不会是临期的吧？

主播：当然和平时卖的是一样的啦！本直播间所有面皮到手后保质期都在一年以上！大家完全不用担心质量问题！咱们整点就开始抽 5 位粉丝宝宝送免单，一整箱 12 盒红油面皮免费带回家！不过送的口味是随机的哦。

主播：欢迎新进来的宝宝们，俗话说得好，来得早不如来得巧，大家赶紧点击左上角关注我们的直播间，也可以把直播间分享给您的家人和朋友，还有两分钟我们就开始抽免单了哟！

弹幕 4：快抽奖！

弹幕 5：抽我抽我！

…………

⚠️ 【互动误区提醒】

1. 主播在进行直播的同时，不要只介绍一次抽奖活动的规则，要在直播间反复强调参与抽奖活动的条件，吸引观众不断点关注和继续停留观看。

2. 每轮抽奖后主播要及时公布中奖名单，不要浪费抽奖活动带来的流量，并要强调下一轮抽奖马上开始，引导观众继续观看。

3. 主播要强调直播间抽奖是系统的工具进行的，不能虚假宣传，抽奖全过程要公正公开。

2.2.2 情景 14：发红包

▶️ 【直播情景再现】

某休闲食品直播间正在销售几款面包，主播小雅正在向直播间的观众介绍其中一款特别的面包，该款面包是某地的特产面包，由当地自产的小麦制成，在网络上很受欢迎。弹幕上观众也在积极地讨论着，有人问小孩能不能吃这款面包，有人问面包会不会很甜很腻，有人问面包生产日期是否新鲜，有人问面包保质期多久……

【直播弹幕分析】

1. 对于弹幕上关注小孩能不能吃的观众，主播可以围绕面包的配料健康、营养等方面向他们作具体介绍。

2. 对于弹幕上关注面包会不会很甜很腻的观众，其可能不太爱吃甜食，主播可以围绕味道和口感，以及结合搭配什么来吃展开介绍。

3. 对于弹幕上关注生产日期和保质期的观众，其可能对于食品卫生安全特别关注，主播可以结合面包的品质和发货速度等方面具体介绍，尽量打消其疑虑。

【主播互动演练】

主播：欢迎各位宝宝走进我的直播间，主播刚刚开播一分钟哟，现在咱们直播间人气正在慢慢上涨，大家可以稍作停留。主播今天带来了一款好吃不胖的手撕面包，这款面包可能大家都听过了，是××（产地名）这边的特产哦！而且呢今天加入粉丝团的宝宝们，主播给大家发红包哟！

主播：咱们家的这款手撕面包完全是由××（产地名）当地的小麦制成的，每一块都是××（产地名）的味道！大家可以看下1号链接，有多种口味可选哟！而且这款手撕面包每一袋都是××克，足够两个成年人当早餐，量大实惠，吃起来超级方便！

弹幕1：发红包是怎么发的？

弹幕2：今天买了就有红包吗？

主播：对的对的，宝宝们，咱们今天这款面包福利满满，直播间今天不要99，不要69，只要39，39元就可以到手五个大面包，而且今天下单的宝宝们，动动你们的小手，点击左上角的"关注"，成为粉丝，进入咱们的品牌粉丝团，今天主播直接再给你们发10元红包怎么样？

助播：5个手撕面包只要29元！直播间粉丝专享价，加关注进群，主播给你发红包哟!

弹幕3:小孩能吃吗?

主播:这款面包的主料是当地优质小麦粉哦。大家可能不知道,这个地方的小麦粉很有名,是出口海外的产品!质量绝对有保障!面包的其他配料也是健康营养的,男女老少都适合吃!担心小孩子上学在外边吃的东西不干净、没营养的,直接拍下咱们这款手撕面包,让孩子吃得放心,吃得安心!

弹幕4:保质期多久?

主播:大家对咱们这款手撕面包还有什么疑问想法的,可以直接打在弹幕上。

主播:保质期多久?我看到×××这位宝宝在问,咱们家的手撕面包保质期是十五天,建议在两个星期内吃完!而且我们是××快递走航空物流,非偏远地区两天都能到哟!

弹幕5:生产日期是什么时候的?

主播:宝宝们,咱们家的面包生产日期都是近两天的,而且主播承诺你,只要今天在直播间拍了这个面包,快递签收当天发现日期过期的,我们给你全额退款!

主播:马上开始发红包了哟,想要的宝宝在弹幕上扣"想要"两个字!我看看有多少宝宝想要红包福利哟!还没有点关注的宝宝赶紧左上角点个关注,加入我们的品牌粉丝团哟!

弹幕6:想要!

弹幕7:已进群,快发红包!等下单!

…………

⚠ 【互动误区提醒】

1. 主播在发红包环节不要说完就直接发,可以选择设置时间5分钟或10分钟后领取,增加观众的停留时长。

2. 主播可对红包设置一些领取条件,但不要把条件设置得太过严格,降低观众的参与热情。

3. 主播在发红包环节要持续与观众互动,不要一直自说自话,要引导他们加入粉丝团,教他们正确领取红包的方法。

2.2.3 情景 15：打折扣

📺【直播情景再现】

某农产品直播间正在热卖甘蔗，主播小野站在一片甘蔗地前，一边给一根甘蔗削皮，一边介绍着甘蔗的优点。小野身后的不远处，是几位在甘蔗地现场处理甘蔗的同事。直播间直接出现大片的甘蔗地，这吸引了很多观众观看，直播间人气很旺，弹幕上的留言特别多。观众纷纷询问，这是哪里的甘蔗地，也有不少观众对甘蔗的口味、包装、运输、卫生等问题表示关注。

🖥️【直播弹幕分析】

1. 观众被大片甘蔗地吸引，说明直接在原产地进行直播的方式很新颖，主播要利用好这点，在现场尽可能多地展示甘蔗的优点。

2. 观众关注甘蔗的口感，而口感是观众无法直接得到的信息，主播只能通过现场削皮并立即试吃的方式向观众传达信息。

3. 观众关注甘蔗的包装、运输、卫生等问题可能是出于对甘蔗品质的担心，也说明他们对甘蔗的保质期没有确切的了解。对此，主播可通过展示包装后的成品以及介绍物流等方法，打消他们的疑虑。

💬【主播互动演练】

主播：欢迎各位家人来到我的直播间，大家看到我身后这一大片甘蔗地没有？我们直播间的甘蔗都是从这里发出去的哦！大家可以看到我的同事正在现场砍甘蔗，我手里也有一节刚砍下来的，大家看，非常好去皮（演示去皮），而且水分超级充足（试吃），味道也很甜很正！

弹幕 1：哇！第一次看到这么大片的甘蔗地！

弹幕 2：原来甘蔗削皮之前长这样！

弹幕 3：甘蔗怎么卖的？

主播：哈哈，很大一片甘蔗地对不对？小野和大家说哦，这一大片甘蔗都是××品种的优质甘蔗，这个品种的甘蔗的特点就是水分特别足和好削皮。再配合我们××（产地名）当地的肥沃土地，长出来的甘蔗根根优质，节节健康！

主播：目前咱们的甘蔗是论斤卖的，是 ×× 元一斤哈，为了方便运输，都是把甘蔗切成半米左右的小节发货的。

弹幕 4：感觉没多便宜啊，还不如直接去农贸市场买。

主播：各位朋友，这个东西是一分钱一分货，××（产地名）这个地方的甘蔗全国有名，大家不信可以去查一下。另外，本场直播为了回馈新老观众呢，是有折扣福利的！

主播：大家可以在弹幕上扣 1，没点关注的点点关注！让我看到你们的热情，热情越高我给的折扣价越低哟！

弹幕 5:111！

弹幕 6:1。

主播：家人们，平时甘蔗都是 ×× 元一斤，今天既然做折扣活动，那么直接给所有家人们 5 折好不好？大家心动不？心动的在弹幕上发送"主播大气"好不好？这个折扣福利只有本场直播有哦，错过了本场直播哪怕还是这个直播间也没有了！

弹幕 7：甘蔗砍成一节一节的，发来不会坏了吧？还能吃？

主播：担心保质期的家人们，我们的甘蔗砍下来后，会做真空包装密封处理来延长甘蔗的保质期，如果收到的产品有坏的，直接联系客服，索赔即可。由于甘蔗是含糖量很高的农作物，所以切口处会氧化变红，但是这是正常现象，大家不用担心，切去几厘米变红的部分就可以正常食用了，要是不马上食用，记得放阴凉处或者冰箱里就好。

助播：大家可以点一下 2 号链接，带走 5 折福利哦！另外，同时看一下屏幕右下角的二维码，扫码进入我们的官方网店，看看评论和买家秀，看看我们是不是真材实料！

弹幕 8：直播还有多久啊？限购不?

主播：各位家人，本场直播还有 50 分钟就要结束了。另外，你看我身后这片甘蔗地，这就是主播的自信！当然不限购啦！5 折优惠仅限本场直播，大家想买多少就买多少，抓紧时间哦！

弹幕 9：好好好！

…………

⚠️【互动误区提醒】

1. 农产品直播最好在农作物现场开播，不要远离农作物的生长或储存环境，不要让产品和环境脱离。若无法在农作物现场开播，也切忌把直播间装修得过于"优雅"或"工业化"，装修要与农产品相搭配，要让直播间观众有身临其境的感觉。

2. 主播要循序渐进地引导观众认识折扣的大小，不要放过折扣期间留住路人的好机会，要引导观众多关注、多支持。

3. 主播要强调折扣福利的稀有性，不要把折扣时间设置得过长或频率过于频繁。

▷▷ 2.3 感情留人

2.3.1 情景 16：讲文化

📺【直播情景再现】

某酒类品牌直播间内主播小伍正在向观众介绍一款某地特产白酒，为吸引观众，小伍另辟蹊径，把中国酒文化作为话题切入点，这吸引了很多爱酒人士在弹幕上交流，很快直播间里的气氛就热闹起来。另外，有不少观众更加关注产品本身，纷纷询问小伍所介绍的是什么酒，度数、口感、价格等具体如何，小伍积极与观众互动，并不忘在直播间显眼位置打上"未成年人禁止饮酒"的字样。

🖥️【直播弹幕分析】

1. 直播间气氛活跃，不少酒友纷纷发言，他们显然对酒文化很感兴趣，主播要抓住观众兴趣点，巧妙地将话题引导到酒产品本身上来。

2. 观众关注特产白酒的度数、口感、价格等信息，说明他们更关注产品本身的品质，对于这类观众，主播介绍的文化、故事等再吸引人，也不如物美价廉的产品更能让他们心动。

3. 弹幕信息繁多、杂乱，主播可重点关注观众的昵称，很多时候从观众的昵称入手，可获取不少有效信息。

💬【主播互动演练】

主播：各位兄弟、各位姐妹！欢迎来到小伍的直播间，有道是"人生得意须尽欢，莫使金樽空对月"，咱们中国的酒文化那可真是源远流长，大家对酒文化了解多少？

弹幕 1：不知道，好像有几千年历史了吧？

弹幕 2：具体也不清楚，但是看电视剧里，以前那些文人墨客都爱饮酒。

弹幕 3：我知道，李白他不仅是"诗仙"，还是个"酒仙"！

弹幕 4：我不喜欢酒桌文化。

主播：厉害了我的家人们！不过小伍要和大家解释一下啊，咱们今天说的"酒文化"，可不是"酒桌文化"哈，大家不要误会了。咱们今天说的酒文化，是可以追溯到几千年前的，是我国传统文化的重要组成部分之一，涉及酒的生产、饮用、礼仪、文学艺术等方面。

弹幕 5：喝酒好像对身体不太好吧？

弹幕 6：谁说不好，喝酒可以促进血液循环！

弹幕 7：白日放歌须纵酒，喝酒图的就是个畅快！

主播：这位叫"×××"的朋友，看你的昵称风格，你应该岁数不大吧。小伍首先在这里郑重提醒大家啊，虽然很多人都向往与三五好友一起酣畅痛饮，但请注意：未成年人禁止饮酒！成年人也请适当饮酒！浅酌几口，那是有益身心健康；要是酗酒，可是会严重损害身体！

弹幕 8：说得对，我最讨厌喝醉了的人。

主播：好的，各位兄弟姐妹，咱先不说喝酒的事儿，还是来唠唠酒文化，刚才大家都说到李白，说他是酒仙，确实，李白名列"酒中八仙"之一，大家知道这"酒中八仙"还有谁吗？

弹幕 9：不知道诶，白居易吗？

弹幕 10：哪有什么白居易啊，是贺知章、李适之、崔宗之、苏晋……不记得了。

弹幕 11：张旭啊！

弹幕 12：焦遂吧，我记得有。

主播：哇！大家都好厉害啊！这都知道，其实还有一个李琎哈！那我再考考大家，大家一人来一句和"酒"有关的诗词可好？

弹幕 13：简单，我先来！但愿长醉不愿醒，古来圣贤皆寂寞！

弹幕 14：明月几时有，把酒问青天。

弹幕 15：浩荡离愁白日斜，吟鞭东指即天涯。

弹幕 16：酒逢知己千杯少！

弹幕 17：你这个不是诗词！要严谨！

弹幕 18：哈哈哈！

主播："酒逢知己千杯少"确实不是一句古诗词，这是一句谚语，但是呢，这同样也是酒文化的表现！没毛病！

弹幕 19：确实，这句话还挺有道理的，我至今记得大学毕业和室友的那顿酒。

主播：人生嘛，哪有不散的宴席，以酒会友，品酒思人，也是一件美事。

主播：好了，和大家聊了这么久的酒文化，主播也给大家推荐一款酒，大家看我手上（拿出酒展示），这酒啊，是××（产地）的特产。

弹幕 20：听过，但还没尝过，啥口味的？

主播：我之前尝过了，初入口时，清澈而纯净，仿佛微风拂面，轻柔的酱香在唇齿间温柔绽放，带来一丝甜蜜和芬芳。随着酒液在口腔中舒展，一股温和的醇厚感渗透开来，微妙的酒体在舌尖上跳动，勾勒出细腻而富有层次的口感。而后，酒液入喉，展现出持久的余味，余韵悠长而绵延，仿佛是一首乐曲的音符缓缓退去，但又在心头荡漾不止。

弹幕 21：主播你也太会说了吧！夸张！

弹幕 22：会说有啥用啊，我看你们唠半天了，这酒多少度的？到底多少钱啊？

主播：哈哈，大家别急，这酒是高度酒哈，是 52 度的，原价 ××× 元一瓶的哈，这个价格官网可查。大家在小伍这里买，肯定不是原价啦，凡是本场直播下单的，在官网价的基础上立减 50 元！前 50 名下单的家人，还送一套精美酒具，大家不要错过了！

弹幕 23：不含糊，我直接来两瓶。

主播：好的，感谢大家的支持，大家认准 2 号链接！最后，小伍再次提醒大家，未成年人禁止饮酒！成年人也请适当饮酒！

…………

⚠️【互动误区提醒】

1. 主播要特别注意"酒文化"和"酒桌文化"的区别，"酒桌文化"在社会大众的评价中处于褒贬不一的状态，有很大的争议性，主播不要在直播中推崇"酒桌文化"。

2. 主播要遵守国家和平台制定的直播规范，不要引导观众醉酒、酗酒、酒后驾驶，特别要注意不能劝导未成年人饮酒。

3. 主播介绍酒文化时要适可而止，不要忽略介绍酒产品本身，要注意及时把营销变为销售。

2.3.2 情景 17：说历史

▶【直播情景再现】

某休闲食品直播间内主播小穗正在向观众介绍一款某地特产蜜枣，小穗一边试吃蜜枣，一边给直播间观众介绍这款特产蜜枣的历史渊源，同时介绍蜜枣的各项优点。随着直播流程的推进，直播间观众逐渐增多。

不少观众对特产蜜枣的历史表示好奇，但也有一些观众怀疑小穗介绍的内容的真实性。另外，有更多观众更加关注蜜枣本身，如产地、口感、价格、营养价值等。

💻【直播弹幕分析】

1. 观众对蜜枣历史感兴趣，说明他们可能对蜜枣的了解不深，主播可借机加大宣传力度，巧借他们对陌生事物的好奇心理来提高成交率。

2. 观众怀疑主播介绍的内容的真实性，主播可直接拿出证据，令他们信服。

3. 观众关注蜜枣的产地、口感、价格、营养价值等是正常现象，主播看到此类弹幕时可趁机迅速将话题转移到蜜枣销售上，停止对蜜枣历史话题的展开。

💬【主播互动演练】

主播：欢迎 ×× 和 ××× 进入直播间，主播接着讲哈！我手里这款蜜枣啊，是 ××（产地）的特产，大家可能不知道，这蜜枣可厉害了，相传在几百年前啊，那可是皇室贡品！为什么这么出名呢？那是因为当地盛产蜜枣，且当地的蜜枣每个都个大肉厚、形体均匀、赛过秤砣！据说还有"秤砣枣"的叫法哩！

弹幕1：真的假的？还贡品？

弹幕2：那边的蜜枣是挺有名的，我外地的都知道。

主播：是的呀家人们，这可不是我瞎说啊，大家可以去当地政府官网看看，这是有官方介绍的！这蜜枣啊，产自当地的 ×× 镇，这个镇可厉害了，被称为"中国蜜枣之乡"，能这么叫，这蜜枣的品质那就不用我多说了。

弹幕3：没吃过蜜枣诶，到底什么味道的？

弹幕4：是甜的吧？

主播：是的家人们，蜜枣是甜的，每颗蜜枣都体肥肉厚、甜如甘饴、沙酥爽口、营养丰富！这蜜枣可是该省十大名产之一！刚才说过了，以前那可都是贡品，现在也是国家有关部门认证的优质产品，在国内外市场享有盛誉，上世纪末还在国际食品博览会上荣获过"中国优质食品"称号呢！

弹幕5：蜜枣有啥营养啊？

弹幕6：对啊，甜的吃多了不太好吧？

主播：家人们，凡事都讲究适量，暴饮暴食当然吃啥都不对啦。这特产蜜枣啊，个大、甘甜，长期适当食用的话，是有益气补血功效的。

弹幕7：那肯定很贵吧，听你说得那么好。

弹幕8：估计不便宜。

主播：家人们，贵不贵那是从价值来说的，就这蜜枣，咱们直播间发礼盒装，一盒69元钱，足足1000克！不管您是自己吃还是送家人、送朋友，都很合适！

弹幕9：有点小贵。

主播：大家可以去常见的线上购物平台查，我这绝对全网最低价，当然，我说的是正品啊，有些假冒伪劣的当然便宜啦！而且今天直播间也是有活动的，大家只要手速快，前100名下单的，买1000克，送200克小袋装哦！

弹幕10：那还等啥，马上过节了，我来两袋！

弹幕11：我也要，几号链接？

....

⚠ 【互动误区提醒】

　　1. 主播介绍产品历史时要注意客观真实，千万不能胡编乱造、虚假宣传！

　　2. 主播介绍蜜枣功效时不要过分详细地介绍，只需根据实际情况带过即可，因为功效是因人而异的，有时候甚至不显著，主播切忌夸大其词。

　　3. 主播要将介绍蜜枣历史与直播销售相结合，注意引导观众关注产品本身，发挥好"介绍历史"这一活动的辅助作用，要将重点放在成交上，不能舍本求末，不要主次不分。

2.3.3　情景 18：抒情怀

▶ 【直播情景再现】

　　某农产品直播间内主播小楠正在向观众介绍一批某地特产茶叶。她将茶叶包装打开在镜头前展示后，一边熟练地使用各种茶具泡茶，向观众展示她的茶艺，一边给观众介绍着这批茶叶的相关情况。此外，为了寻找话题，增加和观众互动的频率，小楠以茶为话题，和观众聊起了"喝茶那些事儿"，说起了喝茶这件事背后蕴藏的文化内涵以及精神寄托。

　　小楠的话题引起了不少观众的共鸣，纷纷表示自己喝茶就是为了沉淀自身，修身养性。当然了，更多的观众更加关注茶叶本身，他们纷纷在弹幕上发言讨论："是什么品质的茶叶？""哪里产的？""是不是新茶？""好喝吗？""一包能泡几次？""一共多少克？""什么香型的？""茶叶完整吗？""多少钱？"。

🖥 【直播弹幕分析】

　　1. 询问茶叶产地、采摘完整性等的观众一般是茶叶爱好者，对茶叶有一定的了解，主播要注意自己用词的准确性。

　　2. 询问茶叶口味和香型的观众，说明他们已经形成了较为固定的茶叶饮用喜好，主播在介绍香型和口味时不要把思维局限于当前的茶叶产品。

3.询问茶叶的冲泡次数和克重的观众，他们可能有较大的饮茶需求，更加关注性价比，主播可在价格上给予适当优惠。

💬【主播互动演练】

主播：欢迎各位家人来到直播间，今天小楠给大家推荐的好物是一批××（产地）的特产茶叶哦！

弹幕1：茶叶啊，好东西，我就喜欢喝茶。

弹幕2：不喜欢喝茶，感觉年纪大的人才喜欢喝茶。

主播：各位家人，别嫌我啰唆，说实话，我觉得啊，有好茶喝、会喝好茶，是一种清福。这茶叶背后的茶文化，可是我们中国的传统文化呀！茶喝的是心境，品的是情怀！

弹幕3：有那么夸张吗？喝个茶还喝出情怀来了？

主播：家人们，小楠今天就献个丑，给大家说道说道"喝茶那些事儿"！

弹幕4：先听听再说。

主播：好嘞，咱先说说喝茶，大家知不知道，关于这喝茶啊，有句话是这样说的：品有三口，茶有三品，一品在境，二品在味，三品在情。

弹幕5：啥玩意儿？

弹幕6：我平时就喜欢喝茶，我听过！

主播：看来还是有懂行的家人啊！大家别急，且听我一一道来。这"品有三口"，是在说喝茶的时候，其实不是"喝"，而是"品"，什么是"品"呢？简单来说就是需要一口一口慢慢喝，用心体味品饮对象。

主播："一品在境"呢，就是指饮茶需要有一个适宜的环境，可以是人造的或自然的，能让人心情舒畅，感受茶外之香；"二品在味"呢，就是指茶本身的品质和口感，要符合自己的喜好，没有异味或杂质，能让人品出茶中之味；最后这"三品在情"啊，就是说饮茶的目的和心境，可以是自己独饮，也可以是与友人共饮，能让人体会茶里之情。

弹幕7：喝个茶能有什么情，现在的人啥事都喜欢整个大道理出来。

弹幕8：我听不懂，但我大受震撼！

弹幕9：我觉得主播说得很好！

主播：谢谢家人们的支持，欢迎新进来的朋友！接着说啊，咱们再来说说喝茶的好处,有道是:茶能解百毒,茶能明心目,茶能养颜色,茶能延年寿。这句话虽然有些夸张了,但是,茶叶内确实富含很多有益于人体健康的营养物质,经过现代科学的分离和鉴定,茶叶中含有机化学成分四百五十多种和无机矿物元素四十多种。由于有丰富的营养物质啊,使得茶叶有很好的保健功效,已经经过证实的功效就有安神、明目、生津止渴、消暑、解毒、祛痰等十几种了。

弹幕 10:要是我买了你这茶叶没这些作用怎么办?

弹幕 11:茶喝多了也不好吧。

主播:家人们,别误解哈,就算是药,其治疗效果还因人而异呢,更别说咱们平时的饮用茶了,这些功效都和茶叶的品质以及大家的饮用习惯有关。另外,喝多了当然不好,别说茶了,就算矿泉水你喝多了也不好不是,所以啊,大家不管吃什么还是喝什么,一定要讲究个适量哈。

弹幕 12:咋扯到这来了,我还等着主播说情怀呢。

主播:哈哈,这位观众提醒得好,咱接着说情怀。不过老说情怀,喝茶到底有啥情怀呢?主播前阵子看到一段话,觉得说得很好,可以一定程度上回答这个问题,我给大家念念:"有一种情怀,淡香如茶,有一种人生,清澈如水。人生沉浮,如一盏茶水,苦如茶,香亦如茶,沉时坦然,浮时淡然,拿得起也需要放得下。"我想,这就是茶里的情怀了,大家觉得呢?

弹幕 13:说得真好啊主播,喝茶确实就是喝个心境啊。

弹幕 14:我还是不太明白,但是我决定买点试试,这茶怎么卖的?

弹幕 15:就是啊,说了半天,咋卖的?我看是礼盒装吧,一盒有多少?

主播:哈哈,大家别着急哈,小女子刚才献丑了。家人们,这个礼盒装的茶叶是可以选型号的,我左手边这个标准礼盒的话是 250 克,右手边这个是一个 500 克的同款大礼盒,都是 ××(产地)的特产极品新茶,当地的这个茶,一芽两叶,出茶率不到 40%,用料好,炒茶技艺好,茶香茶味浓郁。

弹幕 16:有优惠吗?

主播:当然有啦!小楠今天特意给大家争取到了超值优惠哦!大家关注 14 号链接啊,直播间本来就是特惠价,标准盒 ××× 元一盒,大礼盒 ××× 元一盒,今天限时 50 分钟,在这个基础上再打 8 折!大家手速要快哦!

弹幕 17:哇,我先冲了!

主播:家人们!机会不是天天有,福利等不了太久,该出手时就出手,主播下播就没有！

…………

⚠ **【互动误区提醒】**

1. 主播要提前学习茶叶和茶文化的知识，在直播中要注意自己的仪表和言语，不能让观众产生割裂感。

2. 主播不能过分卖弄文化，不要引起观众的反感情绪。

3. 主播在回答观众的相关问题时要体现出专业水平和细致服务，不能不懂装懂，也不能懂装不懂。

▷▷ 2.4 话题留人

2.4.1 情景 19：谈健康

📺 **【直播情景再现】**

某农产品直播间正在销售一批农家土鸡蛋，主播小秦借鉴了当前火热的"徒手剥鸡蛋"的直播方式，正在用镊子、粉刺针等工具向直播间观众演示给生鸡蛋剥壳，这种别开生面的直播方式吸引了很多观众观看。有人觉得给生鸡蛋剥皮很无聊，属于"没事找事"；有人觉得这很解压，看着很放松；还有的观众一直在鼓励小秦，希望能看到小秦完整地剥完一个鸡蛋。

小秦也没闲着，一边给鸡蛋剥皮，一边向直播间的观众介绍着这些鸡蛋对人身体健康的好处，渐渐地，有许多观众开始有下单愿望，纷纷询问起小秦鸡蛋的价格。

🖥 **【直播弹幕分析】**

1. 有的观众觉得给鸡蛋剥壳无聊，说明他们可能生活节奏很快，看直播带有很强的目的性，因此主播要在剥皮的过程中穿插着对鸡蛋的介绍，引导观众消费。

2. 有的观众觉得观看主播给鸡蛋剥壳很解压，说明他们平时工作压力大，小秦的直播给了他们解压的空间，小秦可趁机向这些观众表示感谢，并在直播间就工作、学习等方面多说说"知心话"，用真诚打动他们。

3. 对于鼓励主播的观众，主播要及时反馈，多多感谢他们。

4. 观众开始询问鸡蛋的价格，说明已经有了购买欲望，主播要清晰、明确地将鸡蛋的价格、下单的方式、优惠的规则（若有）等信息告知他们。

💬【主播互动演练】

主播：谢谢，谢谢各位新老朋友，小秦已经快剥完这个鸡蛋了哦，新来的小伙伴们点个关注嘛。订阅没有点，感情走不远，关注没有上，永远在闲逛！

弹幕 1：主播这是在干什么？

弹幕 2：无不无聊，鸡蛋生的你剥它干什么？

弹幕 3：厉害啊小秦！鸡蛋这样剥壳竟然没破？

弹幕 4：小秦加油！我看很久了，就想看你把它剥完！

主播：谢谢大家！怎么样，我这手剥生鸡蛋可是绝活！我这不是无聊，好歹也是门技术不是，哈哈！

弹幕 5：挺浪费的。

弹幕 6：你这是真鸡蛋吗？

主播：放心啦家人们，我手很稳的，连续好多天了，有时候一天也破不了一个，就算破了我也会放在碗里，到时候会自己吃掉的，不会浪费哦！

主播：这当然是真鸡蛋啦！而且还是货真价实的农家土鸡蛋！看见我身后的大棚没，还有那边的小山，全是养殖的跑山鸡！这些鸡蛋就是那些鸡生的，绿色健康无污染！

弹幕 7：鸡蛋吃多了容易胆固醇高吧？

主播：这位家人，抛开剂量谈危害那是要流氓！鸡蛋确实含有相对较高的胆固醇，但是不要忘了哦，鸡蛋里含量最高的是蛋白质，另外还富含钙、磷、铁、维生素 A、维生素 D 及 B 族维生素等营养物质呢！科学、适当地吃一些鸡蛋，对人的身体健康是很有好处的！

弹幕 8：有道理，你这鸡蛋怎么卖的？

弹幕9：是呀，直播间有优惠吗？

主播：是这样的家人们，由于鸡蛋不太好单独包装以及运输，所以直播间的鸡蛋都是一打一打地卖的，一打12枚，12.9元一打哦！

弹幕10：这么贵？

弹幕11：就是，一个一块多了！

弹幕12：主播不要太黑心！

主播：这位朋友，请注意措辞，主播绝不是什么黑心卖家，大家可以去我的官方网店看一下，销量和好评摆在那里，主播这里的鸡蛋之所以略贵，就是因为百分百都是农家自养跑山鸡生的蛋！不管是个头还是营养，都是实打实的！

主播：我看到刚才也有朋友问了，有没有优惠，说实话，平时真的很少做优惠活动，因为成本摆在那里。但是呢，今天看有很多新朋友进入直播间，这样吧，大家帮主播点点关注，刷刷免费的小礼物，我们今天给大家打8折好不好？

弹幕13：可以，我经常看小秦剥鸡蛋，平时确实没啥优惠。

弹幕14：我以前买过几次，这个鸡蛋确实可以。

弹幕15：那我先买点试试！

主播：谢谢大家的支持，鸡蛋在3号链接哦，大家不要点错了，还有40分钟左右主播要下播了，大家抓紧时间哦！

弹幕16：主播，你鸡蛋剥完没有！我可是看好久啦！

主播：哈哈，别急，马上就剥好啦！

…………

⚠【互动误区提醒】

1. 主播在介绍鸡蛋的营养价值时特别注意不能弄虚作假、夸大其词，要实事求是地说出鸡蛋的真实营养价值。

2. 主播不能引导观众暴饮暴食，要向观众传达科学、适量的膳食理念。

3. 主播不要过度关注在直播间捣乱、带节奏的观众，可选择性回复他们，严重的话可根据平台规则对其进行处理。

2.4.2 情景 20：说营养

【直播情景再现】

　　某农产品直播间正在销售一批猕猴桃，主播小辉正在给观众介绍着本场直播所涉及的猕猴桃的产地，并通过试吃给观众分享猕猴桃的口味。为加深观众对猕猴桃的了解，提高观众对直播间所销售的猕猴桃的认可度，小辉给观众科普起了猕猴桃的营养价值。

　　直播间观众很多，有些观众对猕猴桃的营养价值表示怀疑，有些观众对猕猴桃的口味表示怀疑，还有些观众比较关注猕猴桃的包装、运输等问题，当然了，直播间观众最关心的，还是猕猴桃的价格。

【直播弹幕分析】

　　1. 对猕猴桃营养价值和口感表示怀疑的观众，其可能是对主播不信任，主播要拿出一些证据，打消他们的疑虑，与他们建立信任。

　　2. 有些观众关注猕猴桃的包装、运输问题，其可能是担心收到的猕猴桃腐烂、变质等，主播要向他们解释清楚包装和运输的方式，并向他们说清猕猴桃不易腐烂的特性。

　　3. 观众最为关心的是猕猴桃的价格，这是人之常情，主播可通过一些小活动、小福利来提高成交率。

【主播互动演练】

　　主播：欢迎各位新老朋友来到小辉的直播间，来了就是朋友，来了就是家人，"We are 伐木累！"（网络用语，意为"我们是一家人"）

　　弹幕 1：哈哈，我每天都看！

　　弹幕 2：第一次来，啥是"伐木累"？

　　弹幕 3：楼上第一天上网冲浪啊，"伐木累"就是家人！

　　主播：哈哈，有的家人对这些网络用语不是很了解，这很正常，可能平时工作太忙了，这不重要，大家进直播间得点点关注呀！关注主播不迷路，开启缘分第一步，看上主播刷礼物，每天直播细呵护，迈向成功一条路！

弹幕 4：你这小词一套一套的。

主播：这主要是主播今天要给大家推荐的东西好啊！

弹幕 5：啥好东西啊，看把你乐的。

弹幕 6：就是就是。

主播：大家看（镜头特写），这就是今天给大家推荐的好东西了，产自四川 ×× 的猕猴桃！

弹幕 7：这不是叫奇异果吗？

弹幕 8：奇异果其实就是猕猴桃啊。

主播：这位叫 ×××× 的家人说得对！奇异果其实就是猕猴桃，大家可别小瞧这猕猴桃了，营养价值很高哩！

弹幕 9：我记得这玩意儿很贵吧，我就不知道凭啥那么贵？

弹幕 10：是的，我小时候在老家到季节了经常吃，没想到在城里卖这么贵。

主播：家人们，贵有贵的道理，城里也不能和你老家比是不是，各种成本很高的，你家里的可能还是野生的，不一样的。

主播：既然大家都好奇，那小辉我今天就给大家科普一下，这猕猴桃到底好在哪？

弹幕 11：我看你能说出个啥。

主播：您瞧好了吧！首先啊，咱先说最重要的，那就是营养价值，这猕猴桃啊，含有非常丰富的维生素 C，维生素 C 大家知道吧，这是咱们人体必需的一类营养物质，要是"缺 C"啊，最常见的就是得坏血病了。

弹幕 12：这个确实。

主播：大家知道猕猴桃里面的维生素 C 含量有多高吗？据科学统计，每 100 克优质猕猴桃，其维生素 C 的含量是柑橘的 3~14 倍，是甜橙的 2~8 倍，是番茄的 15~32 倍，是苹果的 20~84 倍！当然，这些数据不是绝对的，因个体差异会有误差，所以只能说个区间，但是，也足以证明猕猴桃的"含 C 量"高！

主播：另外啊，猕猴桃还富含大量矿物质，特别适合用来恢复体力，尤其是运动过后适当吃一些猕猴桃，有利于增强体力和提高血球密度。

弹幕 13：这些恐怕只有很好的猕猴桃才行吧。

弹幕 14：就是，你这卖的是优质的猕猴桃吗？别拿歪瓜裂枣糊弄我们啊！

主播：大家说笑了，今天直播间卖的猕猴桃全部产自我国四川 ××，该地是我国著名的猕猴桃生产地，每一颗猕猴桃都在当地优渥的环境下生长。肥沃农家土，温润山泉水，充足日光浴，长出来的猕猴桃经过层层严格筛选，颗颗饱满出众，口口鲜甜满足！

主播：大家收到的礼盒包装上都有当地产业基地的认证标志！质量绝对有保证！不过还是提醒大家，猕猴桃虽好，可不要暴饮暴食哦，凡事要讲究个科学用量！

弹幕 15：多少钱？怎么卖的？

主播：咱们直播间卖的都是精致礼盒装的哈，一盒 18 颗，当地品牌官网180 元，今天直播间只要 166！另外，前 50 名下单的观众还可任选直播间其他水果单品 500 克哦！

弹幕 16：哇！那我要赶快了！

主播：是的，心动不如行动，9 号链接，大家快冲！

…………

⚠️ **【互动误区提醒】**

1. 主播在介绍猕猴桃的营养价值时切忌虚假宣传、夸大其词。

2. 对于观众关注的问题，主播要耐心解释，不能含糊其词，糊弄他们。

3. 主播在直播过程中要强调"适量"这个理念，要告诫观众不能一次性吃太多猕猴桃，不要以补充维生素为噱头引导他们暴饮暴食。

2.4.3　情景 21：话美容

▶️ **【直播情景再现】**

某水果直播间正在热卖一批应季荔枝，主播小妃直接把直播间设在了自己的水果店。小妃边试吃荔枝边给观众介绍着荔枝的口感，频繁找话题与观众互动。小妃发现，观众对荔枝的美容作用很感兴趣，于是增加了荔枝美容养颜相关功效的介绍时间。

随着直播流程的推进，直播间观众越来越多，弹幕弹幕越来越多，观众关注的内容也不断变化，小妃发现观众的关注点主要集中在荔枝的价格、口感、功效、产地、运输方式等方面。

【直播弹幕分析】

1. 观众对美容话题感兴趣，可以推测这部分观众大多为女性，主播可增加对荔枝功效的介绍时间。

2. 观众关注点集中在荔枝的价格、口感、功效、产地、运输方式等方面是正常现象，主播要把这些方面介绍清楚。

3. 直播间观众不断增加，弹幕不断变化，主播要控制好直播节奏，坚持自己设计的直播流程，特殊情况可做适当调整。

【主播互动演练】

主播：欢迎各位朋友来到小妃的直播间，欢迎欢迎！家人们，来得潇洒走得酷，刷刷礼物显风度，喜欢主播就点点关注！

弹幕 1：我点关注啦！

弹幕 2：主播，你好。

主播：哈哈，谢谢大家的关注和礼物，咱接着刚才的话说，这个荔枝为什么能美容养颜呢？这主要是因为荔枝营养丰富，富含葡萄糖、蔗糖、蛋白质、脂肪以及维生素 A、B、C 等，并含叶酸、精氨酸、色氨酸等各种营养素，对人体健康十分有益。而发挥美容养颜功效的，主要就是维生素 C 了，维生素 C 是抗氧化剂，具有较好的抗氧化作用，可清除人体自由基，从而达到美容养颜的效果！

弹幕 3：那我吃柠檬和猕猴桃这些也能美容咯？为什么要吃荔枝？

主播：家人们，柠檬和猕猴桃这些确实也富含维生素 C，可以美容养颜的，但是小妃的荔枝啊，可不单单是美容养颜这一个功效呢！

弹幕 4：还有啥啊？

主播：首先呢，荔枝味甘，适量食用能够增加胃液和唾液的分泌，提高胃肠道的消化功能，从而缓解食欲不振的症状；其次，荔枝性温，具有理气止痛的功效，适量食用能够缓解胃寒腹痛等症状；最后，也是最重要的，荔枝它好吃啊！口感是其他水果无法替代的！"一骑红尘妃子笑，无人知是荔枝来"，大家听过没有，杨贵妃都对这荔枝情有独钟哩！

弹幕 5：人家杨贵妃吃的什么荔枝，你这个能比吗？

弹幕 6：就是，你这品质什么样还不知道呢？

主播：家人们，别担心，今天小妃给大家推荐的是产自××的特产优质荔枝，果肉白润如玉，口感绵软甘甜，大家瞧（剥开一颗荔枝），这荔枝皮薄、肉嫩、晶莹剔透、颗粒饱满，甜而不腻恰到好处！

弹幕 7：看着是不错。

弹幕 8：就是不知道到手的是不是也是这种好货。

主播：家人们，小妃直播不是一天两天了，这个店也开了好几年了，如果我做那种欺骗顾客以次充好的事，还能做到现在吗？而且现在直播平台审核很严格，大家若是遇到货不对板，直接找本店客服，保证给您圆满解决！

主播：而且大家也可以看到（镜头特写），咱们的荔枝包装很严实，到时候都是冷链运输的，大家收到了尽快食用哦，或者先放到冰箱里。

弹幕 9：这荔枝多少钱？

弹幕 10：我有点心动了。

主播：哈哈，心动你就行动！咱家荔枝 ×× 元 1 千克，每满 1 千克就减 5 元，买得越多，优惠就越多！

弹幕 11：我来 2 千克的！

…………

⚠ 【互动误区提醒】

1. 主播介绍荔枝功效，尤其是美容养颜效果时，不要夸大其词，要实事求是。

2. 主播可用一些优美的形容词形容荔枝的口感，但千万不能过分夸张，也不能胡编乱造，所描述的口感要与荔枝的实际口感相符合。

3. 主播不能沉迷于介绍荔枝的功效与口感，也要及时说清荔枝的价格、产地、包装等信息，让观众心里有底。

▷▷ 2.5 互动留人

2.5.1 情景 22：连一连

📺【直播情景再现】

某农产品直播间正在热卖一批红薯粉，主播小罗打开一包红薯粉，给直播间观众展示红薯粉的外形和质地，又接了一盆温水，向直播间观众演示红薯粉的泡发过程。直播间有不少观众都在弹幕询问红薯粉的口感，问得最多的就是红薯粉是否筋道。另外，还有不少观众质疑红薯粉的质量，担心卫生方面不合格。为回答观众问题，打消其疑虑，小罗特意邀请了一位直播间的老粉小德进行现场连麦，并打开了视频通话功能，将视频通话界面投在了直播间弹幕上，让买过的观众说出自己的亲身感受。

直播间观众果然被这种"连一连"的直播方式所吸引，也在弹幕表示了对这批红薯粉的认可，最终直播间的成交量很可观。

🖥【直播弹幕分析】

1. 观众关注红薯粉的口感，尤其是否筋道，是因为筋道是决定红薯粉口感的关键因素，主播可从制作工艺、原料配比等角度来回答这类问题。

2. 观众质疑粉丝的质量和卫生问题，是因为食品安全问题是个敏感问题，是所有人都会担心的问题，主播在这方面不可马虎，要做出承诺，获取他们的信任。

3. 观众肯定会对连麦对象、通话内容等的真实性提出质疑，甚至怀疑这是排练好的"剧本"，主播要设法证明连麦活动的真实性。

💬【主播互动演练】

主播：欢迎大家来到小罗的直播间，"特色美食，健康生活！"刚才已经给大家介绍了本场直播的重头戏——××特产红薯粉！这是××（产地）的特产，大家千万不要错过咯！

弹幕 1：这红薯粉筋道吗？

弹幕 2：对啊，口感咋样？

主播：大家放心，这个红薯粉啊，原料选的是当地的优质红薯，经过传统工艺，三蒸三晒制成，粉丝富有弹力，口感爽滑筋道，地道味美，吃法丰富！

弹幕 3：口说无凭啊，前阵子买了一款红薯粉，一点也不筋道，可难吃了。

弹幕 4：就是就是。

主播：家人们，我也知道口说无凭，这样吧，我先打一盆温水来泡红薯粉，给大家看一下这批粉丝的泡发情况。另外啊，金杯银杯，都不如顾客的口碑！所以今天小罗还准备了个特别活动，那就是进行现场连麦，咱们直接找一位买过这款红薯粉的老观众进行连线，问问他吃过后的想法。

弹幕 5：这人不会是你请的演员吧？

弹幕 6：有可能是剧本！

主播：大家别慌啊，一会儿就知道了，我们现在连线咱们的老观众小德。

（连线中）

主播：是小德吗？你好你好。

小德：您好，您哪位？

主播：是这样的，小德，我是 ×× 直播间的主播小罗呀，前阵子你还买过我们家的红薯粉呢，还记得吗？

小德：哦！记得记得，粉丝不错啊！

主播：是这样小德，今天我又在卖这款红薯粉了，想着为了让直播间的观众更加清楚地知道这批粉丝的质量，所以想现场连麦问问您觉得这款红薯粉到底怎么样？

小德：这样吧罗哥，我们把视频打开，我现在就在吃饭，正好就吃的从你家买的这个红薯粉！

主播：是吗，那太好了，我把摄像头打开！

小德：大家看（镜头），我正在自己家吃小火锅呢，又没煮米饭，所以就煮了点这个红薯粉，口感那不谈了，绝对杠杠的，非常筋道 Q 弹！

主播：小德啊，现在有些观众可能不大相信我，说您是我找的演员啊，这咋办啊？

小德：啥？我是演员，咋可能，我给大家看我的消费记录，哦对了，还有我在你们官方店铺下面的评论，大家看，这个就是我，咋可能是演员嘛！

主播：就是啊，今天挑的连麦对象都是随机的，这样吧，我不打扰您吃饭了，感谢您购买我们的产品！

弹幕 7：假！

弹幕 8：我怎么还是觉得像剧本。

主播：这样吧，大伙儿既然还不信，大家自己来选连麦对象好不好？这里有一份清单，是近期在我们家买过红薯粉的客人的联系方式，当然了，关键信息都进行了一些打码处理，只有平台昵称是完整显示的，大家自己选连麦对象！

弹幕 9：那就这个叫"×××"的！

弹幕 10：我选 "××××"。

弹幕 11：连"×××××"吧。

弹幕 12：这样打扰人家是不是不太好。

弹幕 13：我也觉得。

主播：放心吧各位，我这次选的都是买过 3 次以上的老顾客，并在下单时跟他们说明直播间可能会定期回访，这个关于回访的备注是所有在直播间买过东西的人都有的，不是只有他们才有哦，所以大家不用太过担心，在这儿还是谢谢大家的提醒！

主播：好了，时间不多，我看刷"××××"的比较多，那就他吧！

（电话未接通）

主播：不太巧，没打通。不过这样恰好证明了咱们的连麦确实是真实的，不是剧本！那就再试试"×××"吧。

（电话接通了）

主播：您好，请问您在 ×× 直播平台的昵称是"×××"吗？

连麦用户：是啊，怎么了？

主播：您前阵子在我们直播间购买过几包 ×× 牌的红薯粉，请问您食用了吗？口感如何？还满意吗？

连麦用户：啥？红薯粉，哦，吃了，是还不错，挺筋道的，我媳妇儿比较爱吃，她吃得比较多，我吃反正觉得还行，对得起这个价钱！那啥，我还忙，不说了，先挂了啊。

主播：谢谢您的支持。

（连麦结束）

主播：好了，就不多打扰其他粉丝朋友了，连麦就进行到这里，结果大家也看到了。总之，小罗跟大家保证，直播间卖的红薯粉绝对一分钱一分货，大家喜欢的就别错过了！就在 3 号链接，大家抓紧抢购吧！

弹幕 14：好像确实是真的，我也爱吃红薯粉，我先买点试试。

弹幕 15：我买回家做酸辣粉！

…………

⚠ 【互动误区提醒】

1. 主播在连麦时要注意控制时间和话题，不能让连麦者占用太多直播时间或者在连麦过程中说不相关的话题。

2. 主播要注意筛选连麦者，要防止有恶意造谣的或者无关的人员进入连麦。若要开启视频通话，最好先进行黑屏处理，确认对方视频内容不会违反直播间规则后再在直播间弹幕显示视频通话的界面。

3. 主播不要被直播间弹幕不友好的内容影响心态，连麦前后都要保持自己的直播节奏。

2.5.2　情景 23：比一比

▶ 【直播情景再现】

某健康食品直播间正在热卖一款葡萄干，主播小紫先是给观众介绍了葡萄干的营养价值、保存方法、价格等基本信息，然后才正式介绍起了本场直播的重头戏——平台 PK。为了在直播中提升竞争力和增加吸引力，小紫采用了“比一比”的方法，她跟另一个同平台同类型的主播小蓝进行了 PK，比拼谁能在一个小时内卖出更多的葡萄干，赢了的一方将会得到平台的奖励。

活动进行得很顺利，小紫得到了新老观众的支持，活动期间葡萄干的成交额很可观。

💻【直播弹幕分析】

1. 弹幕上有关于葡萄干营养价值的问题，说明观众对葡萄干的功效有兴趣，主播可向其介绍相关信息。

2. 弹幕上有关于葡萄干保存方法的问题，说明观众对葡萄干的品质很关注，也有可能一次买很多葡萄干，主播要把保存方法、包装等信息介绍清楚。

3. 弹幕上有关于葡萄干价格的问题，说明观众对葡萄干的价格和性价比有关注，主播可在介绍价格时着重强调葡萄干的价值。

💬【主播互动演练】

主播：谢谢大家的关注和礼物！刚才已经给大家介绍了葡萄干的基本信息了，接下来，是今天的重头戏，大家也知道，平台最近引入了新的直播机制，那就是主播 PK 模式，只要符合资质的商家就可以申请，咱们家人气这么旺，东西质量又好，当然有资质啦！这不，今天小紫就要和咱们平台的另一名主播小蓝进行 PK 了。

弹幕 1：哇，小蓝我也喜欢！

弹幕 2：小蓝那边同意了吗？

主播：这个平台已经和我们都说好了，大家别担心。待会 19:00 活动就会正式开始哦！在这里，小紫还请大家到时候帮个忙，这个 PK 赢了是会有奖励的，到时候奖励也会变成福利又返回给直播间的各位家人们哦！

弹幕 3：怎么样才算赢呢？

主播：很简单，由于双方都是第一次搞这个活动，因此这次比较简单粗暴，我这和小蓝那边带货的东西将会由平台指定，然后事前各自挑选，价值都差不多，我这边选的就是刚才介绍过的葡萄干，她那边好像是红薯干，1 小时内，哪边的成交额多，哪边就算赢，简单粗暴！

弹幕 4：葡萄干我爱吃，看我的！

弹幕 5：在小紫这里买过不少好东西，这次一定支持！

主播：谢谢各位家人们！真的很感谢，一想到你们，我就觉得我是幸运的。如果没有你们，也就没有今天的我！有句话说得好，陪伴是最长情的告白！我会一直陪着大家，你们不弃，我便不离！持续给大家推荐物美价廉的好东西！

弹幕 6：那今天做 PK 活动，有福利没？

弹幕 7：是啊，打折不？

弹幕 8：主播可以搞个薄利多销。

主播：哈哈，谢谢各位的建议哦。活动的这一个小时之内，是没有太大的优惠的，只有一个 9 折的折扣，但是呢，如果赢了，大家猜猜会有什么福利？

弹幕 9：不会免单吧？

弹幕 10：白送？

弹幕 11：怎么可能？

主播：哈哈，真给你们猜对了，大家听好了！我们这边要是 PK 胜利了的话，就会随机挑选 3 位幸运观众免单！另外，所有在活动期间消费的观众，都会收到系统发送的一张 8 折优惠券哦，这个优惠券是全平台可用的，而且没有任何使用限制！

弹幕 12：真的？那还等什么？我直接来 10 斤！

弹幕 13：我也买！

主播：谢谢大家的支持！不过 10 斤葡萄干你得吃到什么时候去啊？其实啊，这次活动为了防止有人恶意刷单，平台是有限制的，每个人在活动期间购买葡萄干的话，最多只能购买 ×××元的葡萄干哦！大家还是要注意理性消费呀！

弹幕 14：好好好，这个规则好！

弹幕 15：对，够吃就行了，买那么多干嘛！

主播：好了，活动马上就要开始了，大家准备好哦！

…………

⚠ 【互动误区提醒】

1. "比一比"会涉及同平台的其他主播，主播在介绍活动时要给予对方尊重，不能贬低、抹黑对方主播。

2. 主播要把活动规则介绍清楚，不要模棱两可，让观众产生误解。

3. 主播要通过合理的方式引导观众参与"比一比"，要注意说话的方式和技巧，不能强迫观众参加。另外，要注意提醒直播间观众理性消费。

2.5.3 情景 24：秀一秀

📺【直播情景再现】

　　某休闲食品直播间正在热卖一款红薯干，主播小蓝今天和平台的另一位主播参与了平台的"比一比"PK 活动，为确保活动顺利，也是为了赢得 PK，小蓝在活动期间进行了才艺展示，不仅秀了一把舞蹈，还一展歌喉，给观众们唱了几首时下热门的歌曲。这一展示赢得了观众们的喜爱和支持，纷纷在活动期间下单，最终直播时段内的销量很可观，小蓝圆满完成了直播任务。

🖥【直播弹幕分析】

　　1. 才艺展示期间，必然有不少观众还在询问关于红薯干的价格、口感等方面的问题，主播为了更好地展示才艺，可在展示期间将相关信息用文字的形式在弹幕滚动播放，让观众一看就清楚。

　　2. 才艺展示期间，弹幕上肯定充斥着对主播才艺内容的评价以及要求，主播可在贯彻自己直播脚本的基础上酌情满足。

　　3. 才艺展示期间，弹幕上肯定有一些关于对方主播信息的弹幕，主播不要理会，若有不当言论，要及时制止并按平台规则处理。

💬【主播互动演练】

　　主播：欢迎各位进入直播间，谢谢 ××× 的关注！谢谢大家！刚才已经把今天 PK 活动的规则和大家说清楚了，一会就要开始咯！另外，新进来的观众注意了，留意一下屏幕右上角的滚动信息，今天推荐的红薯干的相关信息都在那边哦，大家也可以扫描屏幕左下角的二维码，了解今天 PK 活动的详细规则。要是待会没及时回复大家，还请见谅哈！

　　弹幕 1：666！

　　弹幕 2：我听说今天主播有才艺展示？

　　弹幕 3：对呀，我看早上的直播预告是说有！

　　弹幕 4：啥才艺啊？

　　主播：哈哈，大家真细心，今天确实是有才艺展示哦，为了赢得 PK，小蓝今天豁出去了!

弹幕 5: 主播长得这么好看, 身材这么好, 我要看跳舞!

弹幕 6: 主播不知道会不会跳舞哦!

弹幕 7: 小蓝声音好听, 我要听唱歌!

主播: 哈哈哈, 大家要求可真多, 但是, "顾客就是上帝"(网络用语)啊! 大家既然有要求, 小蓝肯定满足大家!

弹幕 8: 主播会跳什么舞?

弹幕 9: 不会是广场舞吧!

弹幕 10: 哈哈哈!

主播: 既然大家这么热情, 那我就给大家稍微透漏下吧, 毕竟你们的要求, 就是我们的追求; 你们的脾气, 就是我们的福气! 待会小蓝要表演的是最近很火的一个女团新出的 MV(Music Video, 音乐视频)里面的舞蹈哦!

弹幕 11: 不会吧? 这你都会?

弹幕 12: 是哪个女团呀?

弹幕 13: 我知道了, 一定是 ×××(女团名字)!

主播: 待会大家就知道了哦, 先卖个小关子嘛。

主播: 各位家人们, 新老朋友们, 待会 19:00 活动就会正式开始哦! 活动期间, 小蓝会展示才艺, 也请大家多多支持哦, 我们一起努力, 赢得这次 PK 好不好?

弹幕 14: 好好好!

弹幕 15: 放心, 今天必让你赢!

弹幕 16: 快快快, 马上开始咯!

主播: 谢谢大家支持小蓝! 下面小蓝给大家表演第一个项目哦, 其实刚才有位家人猜对了, 小蓝给大家跳一个 ×××(女团名字)最近新出的 MV 里面的舞蹈哦! 我可是学了好久呢, 大家喜欢的话, 多多支持! 新来的宝子们点点关注哦!

弹幕 17: 赶紧的!

弹幕 18: 刚来就开始了吗? 刺激!

(主播展示舞蹈才艺中……)

弹幕 19: 666!

弹幕 20: 跳得真好!

弹幕 21：这一看就是练过的！

主播：大家别忘了 PK 活动哦，小蓝就靠大家啦！

…………

⚠ **【互动误区提醒】**

1. 主播提前准备好才艺内容，若是有歌曲、舞蹈等内容，涉及版权的，要依照平台规则提前处理好版权事宜，不可在直播过程中出现侵权事件。

2. 主播要挑选符合社会主流价值观的才艺内容，歌曲、舞蹈等不能庸俗、下流，表演期间的语言、动作、着装等不能违反平台的规则。

3. 主播要控制好才艺表演的时间和内容，时间不能太长也不能太短，内容不能过多或过杂，要明白才艺表演只起到辅助作用，重点还是要放在对推荐的红薯干的介绍和回答观众疑问上。

▷▷ 2.6　直接留人

2.6.1　情景 25：直接请

▶ **【直播情景再现】**

某熟食产品直播间正在热卖一款冷吃牛肉，主播小谭正在向直播间观众介绍冷吃牛肉的制作工艺。由于刚开播，直播间的热度值还不是很高，小谭别开生面地采用了"直接请"的方法活跃直播间气氛，随着直播流程的推进，直播间观众越来越多，不少观众在弹幕提问："是真的牛肉做的吗？""可以开袋就直接吃吗？""辣不辣？""老人嚼得动吗？""保质期有多久？"

🖥 **【直播弹幕分析】**

1. 观众问是否是真的牛肉做的，说明他们对冷吃牛肉这道名吃不够熟悉，主播可向其详细介绍。

2. 观众问是否可以开袋即食、辣不辣、老人能否嚼动等，说明他们从未购买过类似产品，主播要向其介绍食用方法。

3. 观众问保质期有多久，说明他们对熟食类产品不放心，主播要在直播过程中把储存方法和保质期等信息介绍清楚。

💬 【主播互动演练】

主播：欢迎 ×××宝宝进入我的直播间，我看到这位宝宝的名字这么有创意，是不是背后有什么小故事呀，主播刚开播，先跟大家闲聊几句哟，我看到好多宝宝的名字都好有趣哟，×××宝宝是不是第一次来咱们直播间呢，有什么问题也可以发到弹幕上，主播都会一一回答的呢！

弹幕 1：主播今天卖什么？

弹幕 2：主播的名字也好听！

主播：谢谢 ×××宝宝的夸奖哟，你的名字也非常好听呢！咱们今天给大家带来的是一款非常好吃的冷吃牛肉，这是四川自贡有名的小吃哦！大家看（打开一包），这牛肉是先卤后炒的，经过了 18 道工序手工现制，每锅出锅前都炒足了至少 900 下哦！就是因为经过了这么复杂的工艺，才使得做出来的牛肉肉质饱满，纹理清晰，丝丝入味，红油欲滴，干香诱人！

主播：感谢 ×××的关注哦，是我的美貌还是我介绍的冷吃牛肉吸引了你呀，忍不住让你出手关注了对吧，肯定是，哈哈哈，不接受任何反驳！

弹幕 3：牛肉干应该是真牛肉做的吧？

主播：×××宝宝，放心好了！这个冷吃牛肉是用真的牛肉做的，绝对不是用的什么合成肉，大家可以去网上查一下，冷吃牛肉真的是四川那边很有名的小吃！

弹幕 4：是开袋即食吗？

弹幕 5：辣不辣？

主播：×××宝宝，你问得好，这个是开袋即食的哦，买回家后就不需要额外加工了，拿来拌饭或者拌面都是一绝！×××宝宝，看你昵称比较陌生，是第一次来我直播间吧？点个关注好不好，点个关注就可以加入粉丝团了，粉丝灯牌达到一定等级还可以进入内部贵宾群！优惠多多福利多多哦！有句话说得好：订阅没有点，感情走不远，关注没有上，永远在闲逛！大家行动起来！

主播：×××宝宝，这个辣度是可以选的哦，有微辣、中辣、特辣可选，要是不太能吃辣就选微辣好了，而且这个冷吃牛肉不只有辣味，它是一个复合味型，即麻、辣、鲜、香，还略带回甘！绝对适合平时馋嘴的宝宝们！

弹幕6：老人吃得动吗？

弹幕7：这是熟食吧，保质期多久？

主播：×××宝宝，我想你是担心老人牙口不好吧？这个冷吃牛肉确实是属于干香型的，有一点点硬，老人要是牙口特别差，那可能是不太合适，但是只要正常牙口的话，那完全能吃，大家注意了，这个冷吃牛肉不等于牛肉干，也没有市面上的牛肉干那么硬。而且啊，这个冷吃牛肉不含任何防腐剂那些的，老人小孩都可以吃得健康，吃得安心！

主播：刚才我也说了，这个冷吃牛肉是不含任何防腐剂的，又是现做的熟食，所以即使使用了真空包装，保质期也不会很久哦，保质期只有半个月，所以大家到手后就尽快食用哦，不能立即吃的，也要放到阴凉处或冰箱储存，但一定要在保质期内吃掉哦！

弹幕8：谢谢主播的讲解！

主播：××宝宝，不客气哟，还有其他各位宝子们！给主播点个关注可好？点关注就自动加入粉丝团了哦，老粉以后是有专属福利的，大家不要错过了！

弹幕9：我点了！

弹幕10：我要下单！

主播：好的，各位宝宝们认准3号链接哦！来来来，宝宝们，给主播点点关注，刷刷免费的小礼物！关注主播不迷路，开启缘分第一步。每天直播细呵护，迈向成功一条路！

…………

⚠ 【互动误区提醒】

1. 直播间热度值还不高时，主播不能忽视任何一个进来的新观众，可以在直播间直接喊出新观众的昵称，让他觉得自己被重视。

2. 主播要有选择性地进行点名互动，不要将一些含有敏感词汇的昵称念出来。

3. 主播不能忘了介绍产品，尤其是观众关心的重点信息，要介绍清楚，不能含糊其词。

2.6.2　情景 26：直接问

【直播情景再现】

某水果类直播间正在热卖一批柑橘，主播小云是直接在自己家的店里开播的，她先是照例把店内热卖的所有水果介绍了一遍，然后才正式介绍起了本场直播的主打产品——某地特产优质高山沃柑。

为了在直播中占据主导，小云一改往日的直播风格，从一个"回答者"变成了一个"发问者"，她结合了高山沃柑这种水果的特点，有针对性地询问了直播间观众一些问题，果然，直播间观众纷纷在弹幕留言。通过问答，小云知道了观众最为在乎的就是高山沃柑的价格、品质、口感、包装等信息。

【直播弹幕分析】

1. 直播通过提问活跃气氛时，弹幕可能有一些无关留言，只要不影响正常直播，主播可不过多理会。

2. 弹幕必然会有不少反问主播的观众，主播也可适当回复一些，让直播间氛围更加融洽。

3. 通过提问，主播知道观众最为在乎的就是高山沃柑的价格、品质、口感、包装等信息。因此，在接下来的直播中，主播要注意把这些信息交代清楚。

【主播互动演练】

主播：欢迎大家来到小云的直播间，绿色新鲜水果，健康快乐生活！刚才已经给大家介绍了本店热卖的一些水果了，但是接下来才是今天的重头戏哦！

弹幕 1：还有重头戏，我刚才已经买了不少了，是不是亏了。

弹幕 2：是啊，怎么才说啊。

主播：家人们别急，我保证你亏不了！我先问问大家，什么水果既便宜又好吃而且现在吃还应季？

弹幕 3：现在才 2 月份，草莓？

弹幕 4：樱桃吧。

弹幕 5：我猜是柚子，我喜欢吃柚子！

弹幕 6：当然是橘子啦！又好吃又便宜！

主播：大家知道得真多呀，这些确实都是这个季节吃的水果，不过只有一位家人猜中了今天小云要给大家隆重推荐的好货，那就是这位叫"×××"家人猜的橘子啦！

弹幕 7：啊？橘子啊，好吃是好吃，但是太普通了。

弹幕 8：确实，我下楼随便买。

主播：别急嘛家人们，我知道橘子好买，也很常见，但是今天小云给大家推荐的可不是一般的橘子哦，大家猜一猜，今天小云推荐的橘子是产自我国哪里的？

弹幕 9：肯定是 ×× 省啊，小云就是那边的吧，店也在那边。

弹幕 10：但是那边的橘子不出名，我猜是 ×× 省，橘子出名！

…………

主播：哈哈，这位叫"××××"的家人真聪明！确实是闻名全国的，产自我国 ×× 省的高山沃柑！

弹幕 11：哈哈，我就知道。

弹幕 12：这高山沃柑很好吃？

主播：当然啦！不是我吹啊，这个地方的高山沃柑，每年向全国和国外输出 ×× 吨！大家想想这是什么概念，这说明不仅国内，国外也有很多人喜欢吃这个柑橘！

主播：我现在给大家展示一下（剥开一个橘子试吃），大家看！这个橘子汁水充沛，果肉细腻香甜，口感酸甜适中，美味爽口，好吃到停不下来！

弹幕 13：看着不错啊。

弹幕 14：我吃过这个沃柑，确实不错。

弹幕 15：但是这个沃柑似乎小贵。

主播：好了，这个沃柑的品质就不用小云多说了，小云直播了这么久，卖出去的东西大家都是看得见的，大家不妨猜猜，今天小云推荐的沃柑，多少钱一斤？

弹幕 16：怎么也得 × 元一斤吧？

弹幕 17：我猜 × 块钱一斤。

弹幕 18：我猜 × 块！

主播：哈哈，看来虽然直播了这么多年，大家还是不够了解小云啊，小云今天就是给大家送福利的，我直接告诉大家，今天的优质高山沃柑，只要 × 元一斤！

弹幕 19：不会吧？

弹幕 20：这有点便宜了。

弹幕 21：不会质量不行吧？

主播：想什么呢你们，这么优惠，是因为只有本场直播有，是亏本给大家送福利的，后面还会卖，但是价格就会回调至原价 × 元一斤哦！

弹幕 22：真的？那还等什么？我来 10 斤！

弹幕 23：我也买！

主播：谢谢大家支持小云！绿色新鲜水果，健康快乐生活！关注小云，天天吃点好水果！

…………

⚠️【互动误区提醒】

1. 主播的问题不能没有指向性，要注意结合沃柑的产地、价格等信息，突出产品的卖点。

2. 主播要利用提问与观众进行积极互动，不要只问不答，不要自问自答，不要忽略观众。

3. 主播要注意提问的方式，慎用反问，反问运用得不恰当，即使态度再诚恳，也会慢慢引起观众的反感。

2.6.3　情景 27：直接错

▶️【直播情景再现】

某水果直播间正在热卖一批香蕉，主播小卉把自己的线下水果店当直播背景，这样既能直接展示多种水果，又显得接地气。为了提高直播间活跃度，小卉恰当地采用了"直接错"的直播方式，既活跃了直播间气氛，又拉近了与观众的距离。同时，也有一些不和谐的弹幕出现，他们可能没有理解小卉"直接错"的用意，开始吐槽小卉的文化水平。直播间观众越来越多，提出的问题也越来越多，大家都对香蕉的价格、口感、产地等感兴趣，小卉也一一进行了回答。

🖥 【直播弹幕分析】

1.直播间观众很多，弹幕上滚动的信息很复杂，主播挑选观众进行"直接错"时，要有一定的选择性，可以从昵称入手，选择那些简单、有趣、自带某种效果的昵称。

2.对于那些不理解主播"直接错"的用意，开始吐槽主播文化水平的观众，主播可不用理会，但若类似弹幕特别多并已经影响了直播效果时，主播要注意及时按平台规则对其进行处理。

3.观众关注香蕉的价格、口感、产地等信息是正常现象，主播一一做好回复即可。

💬 【主播互动演练】

主播：欢迎大家来到小卉的直播间，欢迎大家，大家帮小卉点点关注哦！

弹幕1：我来啦！

弹幕2：小卉今天卖什么？

弹幕3：诶，我怎么点进这里了。

主播：哈哈，这位叫"洗干净一点是洗"朋友，既然来了就看看小卉的直播呗。

弹幕4：主播你看错了，我叫"洗干净一点是洗"，我的昵称其实是个冷笑话。

弹幕5:666。

弹幕6：哈哈哈，你要笑死我吗？

主播：哈哈哈，不好意思，是我看错了，原来少了一点，不过这样一看你的昵称确实是个冷笑话，哈哈哈，好有趣！

弹幕7：主播你是会挑昵称的！（网络用语，化用了"你是会××的"的句式）

弹幕8：好多香蕉，香蕉怎么卖的？

主播：欢迎这位叫"住在山里的小兔子"的朋友，欢迎"小兔兔"，你的昵称好可爱呀。

弹幕9：主播别说叠词！

主播：哈哈，那我不说啦，今天小卉给大家推荐的香蕉呢，是××（产地）的特产哦，可好吃啦！

弹幕 10：不就是香蕉吗，能有多好吃？

弹幕 11：就是就是。

弹幕 12：主播剥一根我看看。

主播：好的（开始剥香蕉），这位叫"河边的花儿开了"的朋友，我好像经常看到你出现，看来是直播间的老粉丝了！

弹幕 13：是吗？可是我今天第一次来诶。

弹幕 14：小卉你"没良心"啊！我才是老粉，你提都不提的！

主播：是吗？哈哈，不好意思，看来是我弄错了，这位叫"夏天去捉蝉"的兄弟，我知道你是老粉了，小卉可没忘了你！

弹幕 15：是吗？那你给我来点优惠！

主播：没问题，今天不仅你们老粉有优惠，新朋友也有！大家给主播点点关注和刷刷免费的小礼物，小卉今天把这些特产香蕉 8 折卖给大家！

弹幕 16:666 ！

弹幕 17：万岁！我先来一单！

主播：谢谢大家，再次提醒各位新老朋友哦，小卉今天带来的 × × 特产香蕉经过层层严格选拔，果皮光滑洁净，色泽鲜亮诱人，个头饱满，"蕉气"十足！大家抓紧下单啦！

弹幕 18：我也来一单！

弹幕 19：冲！

主播：谢谢大家，祝大家生活如同锦上花，大财小财天天进，一顺百顺发发发！

…………

⚠ 【互动误区提醒】

1. 主播选择昵称进行"故意错"活跃气氛时要注意选择恰当的昵称，不能"故意错"后令人反感甚至带有侮辱意味，不能拿性别、地域等开玩笑。

2. 主播用"故意错"活跃气氛时要适可而止，不能一直使用同样的方法，这样容易让观众觉得无聊甚至反感。

3. 主播不能忽视对带货的产品本身（香蕉）进行介绍，最好事先准备一些介绍词，让直播更有效果。

2.7　经典语句

2.7.1　挽留路人的经典语句

【经典语句 1】

订阅没有点，感情走不远，关注没有上，永远在闲逛！

【经典语句 2】

月落乌啼霜满天，今天的水果很新鲜。故人西辞黄鹤楼，我们的观众就是牛！

【经典语句 3】

日照香炉生紫烟，感谢来到直播间。主播今天刚起步，感谢你们来帮助！

【经典语句 4】

十年修得同船渡，咱们一起点屏幕。百年修得共枕眠，认识大家都是缘！

【经典语句 5】

万水千山总是情，咱家家人最热情。点个关注不迷路，主播绝对没套路！

2.7.2　黏住粉丝的经典语句

【经典语句 1】

一见主播点关注，二话不说刷礼物，都是粉丝别吃醋，你的温柔我记住！

【经典语句 2】

走过南闯过北，认识大家不后悔！不服山不服水，就服粉丝这张嘴！

📖**【经典语句 3】**

点关注不迷路，做粉丝当守护。地球不爆炸，主播不放假。

📖**【经典语句 4】**

榜一榜上最给力，早晚开上法拉利！

榜二一看不简单，话不多说是大款！

榜三榜四到榜九，都是"财团"快抱走！

月亮不睡我不睡，粉丝都是我宝贝！

📖**【经典语句 5】**

主播虽然话不多，句句都是掏心窝！

粉丝灯牌亮一亮，代表把我放心上！

发财小手点一点，提升人气靠点赞！

滚屏区里动一动，曝光自己要活动！

榜上雅位坐一坐，涨点老铁别错过！

小黄袋里看一看，谁买回家谁方便！

▷▷ 2.8 句式模板

2.8.1 渲染式句式

1. 各位＿＿＿（对观众的称呼）们，主播马上给大家试吃，给大家当一次先行体验官！想看主播试吃＿＿＿味（产品味型）的扣 1，＿＿＿味（产品味型）的扣 2，＿＿＿味（产品味型）的扣 3……

2. 今天的＿＿＿（水果、蔬菜等农产品名）不要＿＿＿（价格）、不要＿＿＿（价格），只要＿＿＿（价格），大家直接带回家！＿＿＿（直播间名）"前所未有"的诱人心动价，"史无前例"的折扣大爆发！

3.＿＿＿（对观众的称呼）们，＿＿＿（产品）不要＿＿＿（价格），只要＿＿＿（价格）。

别人＿＿（价格）买的是酸、买的是涩、买的是一言难尽的口感，在我这你＿＿（价格）带回去的是什么？你带回去的是酸甜可口、是脆嫩多汁、是皮薄肉厚、是天然健康、是营养丰富！是颗颗严选的好水果，是次次满意的好体验！

2.8.2　诱导式句式

1. 进入 ×× 水果（直播间名称）直播间的＿＿（对观众的称呼）们，点一下直播间的分享按钮，将直播间分享给你们的亲朋好友，助力直播间人气大涨。直播间人气过万，就会送＿＿（福利类型）福利哦！

2. 各位＿＿（对观众的称呼）们，没时间游山玩水没关系，来 ×××（直播间简称）买全国各地特产，在家也能"云旅游"！

3. ＿＿（对观众的称呼）们，这次＿＿（产品名）的折扣仅限本次活动进行时间，错过这次，我们就不会再给这个价格啦！大家要抓紧时间哦！

2.8.3　利他式句式

1. 欢迎＿＿（弹幕观众昵称），欢迎＿＿（弹幕观众昵称），欢迎＿＿（弹幕观众昵称），欢迎＿＿（弹幕观众昵称），欢迎大家，各位直播间的＿＿（对观众的称呼）们，两分钟内下单，可以获得 9 折优惠哦！

2. 各位＿＿（对观众的称呼）们，本直播间今晚福利不断，待得越久，福利越多哦。我们在直播过程中设置了很简单的直播彩蛋，坚持到最后并发现彩蛋的＿＿（对观众的称呼）们，可以获得神秘大奖！

3. 各位＿＿（对观众的称呼）们，今天是本月首播，我这里还有＿＿（礼物数量）份＿＿（产品名称），现在就作为福利 6 折卖给大家，仅限开播 10 分钟内下单的＿＿（对观众的称呼）们购买哦，大家抓紧！

第 3 章

推介怎么讲

▷▷ **3.1 产品介绍**

3.1.1 情景 28：功效介绍

【直播情景再现】

　　某健康食品品牌直播间内主播小惠正在销售一款山药干片，小惠根据自己的生活经验，向观众介绍这款山药干片的各类功效。弹幕上出现了很多提问：山药有什么好处，怎么吃，有没有副作用，能不能减肥，适合什么人群……

【直播弹幕分析】

　　1. 对于想了解山药好处的观众，其可能对山药的营养价值和药用价值感兴趣，主播要抓住山药的补气养阴、健脾胃、降血糖、抗衰老等功效进行介绍，必要时可引用一些权威的医学资料或者名人的推荐。

　　2. 对于担心山药有副作用的观众，其可能对山药的安全性和食用禁忌有顾虑，主播要强调自己的山药干片是采用优质无污染的山药制作而成，没有添加任何防腐剂和色素，是纯天然的健康食品，并且适合大多数人群食用。

　　3. 对于想知道山药适合什么人群的观众，他们可能有特殊的身体状况或者对自己的健康状况不满意，主播可以根据山药的功效，针对不同人群进行推荐，比如说适合气血不足、体虚易感冒、胃肠功能弱、糖尿病患者、老年人等。

【主播互动演练】

　　主播：家人们，我们家这款山药干片是我亲自从产地挑选回来的优质新鲜山药，经过专业的切片、晾晒、包装等工序制作而成。它不仅口感香甜，而且具有很多功效！

　　弹幕 1：什么功效？

弹幕 2：展开说说？

主播：大家都知道山药是一种非常好的食材和中药材，它可以补气养阴、健脾胃、降血糖、抗衰老，对我们的身体有很多好处！

弹幕 3：怎么吃啊？

弹幕 4：能不能泡水喝？

主播：我们家的山药干片非常方便食用，你可以直接泡水喝，也可以煮粥、炖汤、做菜，都很美味！

主播：我给大家看看，这是我自己泡的一杯山药水，你们看这个颜色，多么清澈透亮！喝起来甘甜润喉，能补充水分和营养！

弹幕 5：有没有副作用啊？

弹幕 6：会不会上火？

主播：大家放心，我们家的山药干片是纯天然的健康食品，没有添加任何防腐剂和色素，也没有任何副作用。山药本身就是一种性平的食物，不会上火，反而能清热解毒。

弹幕 7：想减肥，吃这个有用吗？

主播：我看到有的朋友问山药能不能帮助减肥，这个问题我可以很负责任地告诉你们，山药是一种非常适合减肥的食物！

弹幕 8：真的假的？

主播：因为山药含有丰富的膳食纤维和淀粉酶，这两种成分可以增加我们的饱腹感，从而控制我们的食欲和减少脂肪的吸收。而且山药还可以调节我们的血糖水平，防止我们因为血糖波动而产生暴饮暴食的欲望。因此，吃山药不仅能让你吃得健康，还能让你减肥更容易！

弹幕 9：是不是真的哦？

弹幕 10：有没有科学依据的？

主播：当然是真的！这些都是有相关科学研究和证明的！你们可以自己去网上查一查，也可以看看我们直播间下方的一些专家和名人对山药的评价和推荐！

弹幕 11：老人和小孩能吃吗？

主播：我看到有的朋友问山药适合什么人群，这个问题我可以很简单地回答你们，山药适合所有普通人群！

主播：山药是一种性平的食物，不论男女老少都可以食用。山药可以补气养阴、健脾胃、降血糖、抗衰老，有助于解决很多常见的身体问题。

主播：如果你经常感觉气血不足、容易疲劳、头晕眼花，那么你可以多吃山药来补充身体的能量和营养。如果你的胃肠功能不好，经常胃痛、腹泻、便秘，那么你可以多吃山药来调节你的消化系统和排毒功能。如果你是糖尿病患者，那么你可以多吃山药来控制你的血糖水平和预防并发症。如果你是老年人，那么你可以多吃山药来延缓衰老和增强免疫力。

主播：当然，山药也有一些需要注意的地方。比如说，如果你对山药过敏，或者有严重的肾脏疾病，或者正在服用一些特殊的药物，那么你在食用山药之前最好咨询一下医生的意见。另外，山药虽然好吃，但也不能过量食用，否则可能会导致胃胀、腹泻等不适。一般来说，每天食用30~50克的山药干片就足够了。

弹幕12：是好东西。

主播：今天直播间特惠价，68元一包，一包500克，3包一起买还能享8.5折优惠，需要的家人点我们的18号链接购买。

…………

⚠️ **【互动误区提醒】**

1. 主播不能对山药的功效过分夸大，否则会涉及虚假宣传等违法违规问题。

2. 主播要注意介绍山药的适用范围和食用量，不要一味地推荐山药给所有人，而是要根据不同人群的身体状况和需求进行合理的建议。

3. 主播要熟悉山药的各类功效，面对观众的提问要做出流畅和专业的对答，不然会使观众把对主播个人的坏印象直接投射到产品上。

3.1.2 情景 29：营养介绍

▶️ **【直播情景再现】**

某水果直播间内主播小珑正在推销一批进口龙眼，她一边剥龙眼一边给观众介绍这款龙眼的各类营养价值。弹幕上很多观众留言提问：龙眼有什么好处，吃多了会不会上火，怎么保存，什么时候吃最好……

🖥【直播弹幕分析】

1.对于询问龙眼好处的观众，主播可借此介绍龙眼的营养价值和香甜口感。

2.对于担心吃龙眼可能导致上火的观众，主播要抓住龙眼的补气养血、润肺止咳等功能进行介绍，强调任何食品都应该适量食用。

💬【主播互动演练】

主播：家人们，我们家的龙眼是从××（地名）进口过来的，属于一级品。

弹幕 1：这个龙眼好吃吗？

主播：龙眼具备多种营养价值，富含膳食纤维，含有维生素 B6、维生素 C、铁、钾等多种微量营养元素！

弹幕 2：有这么多营养成分？

主播：当然有，这些都是有科学证明的，大家可以上网随便搜索，就能看到龙眼的营养价值！而且我们家的龙眼是从××（地名）进口的一级品水果，营养价值更丰富！

主播：大家看我们家龙眼壳，这上面有一层薄薄的白色粉末，这就是龙眼的天然果胶，可以帮助消化和排毒。而且我们家龙眼都是精挑细选的一级××（地名）龙眼，精心采摘、细心包装，最大程度保留龙眼的鲜甜和香气！

主播：我现在就给大家剥一个看看，替大家尝一尝。

主播：看这个果肉多么饱满，晶莹剔透，肥厚多汁，一咬就流出果汁来！太好吃了！

弹幕 3：吃多了会不会上火？

主播：龙眼是属于温性的水果，适量吃是不会上火的，反而它有补气养血、润肺止咳、安神益智等功效，对于贫血、失眠、咳嗽等症状都有很好的缓解作用！

主播：当然，要是当饭吃，吃很多的话就会导致上火，主播可是不推荐的哦，再好的东西都要适量食用。

弹幕 4：怎么保存啊，放冰箱吗？

主播：我们家的××（地名）进口龙眼是新鲜采摘的，没有经过任何添加剂或防腐剂的处理，所以保存时间不会很长。建议大家收到货后尽快食用，如果想延长保存时间，可以放在冰箱里冷藏，但最好不要超过一周哦！

主播：今天直播间粉丝特惠价，××（地名）进口龙眼，一级龙眼，××元一斤，爱吃水果的家人们千万不能错过！来，家人们，13号链接，上链接！

弹幕5：买点吃吃吧。

…………

【互动误区提醒】

1. 主播要熟悉龙眼的各种营养价值，面对观众的提问要给出有说服性的回答，通过专业的营养价值知识说服观众，不能糊弄敷衍，答非所问。

2. 主播不能对龙眼的营养价值进行过分夸大，否则将会涉及虚假宣传等问题。

3.1.3 情景30：口味介绍

【直播情景再现】

某食品直播间内，主播小德站在烤鸭的烤炉前，他正端着一只刚出炉的烤鸭在向观众展示。他将烤鸭切开，让大家看看鸭肉的颜色和肉质，还撕下一片烤得金黄的鸭皮放在嘴里咀嚼，夸赞烤鸭的香脆和美味。有很多观众显然是被他馋到了，在弹幕上积极发言，有人说想吃烤鸭了，有人问是不是××（地名）烤鸭啊，有人问有没有其他口味的烤鸭啊……

【直播弹幕分析】

1. 对于询问是不是××（地名）烤鸭的观众，主播要注意向他们介绍烤鸭的制作工艺和特色。

2. 对于询问有没有其他口味烤鸭的观众，主播要注意向他们介绍烤鸭的多种口味。

3. 对于烤鸭这类熟食产品来说，大家一般都比较关注熟食的口感和味道，此外就是熟食的卫生和安全问题。

💬【主播互动演练】

主播：家人们，这一批烤鸭刚刚出炉，我现在就给大家现场切一只看看，看看我们家的烤鸭是不是真材实料！

主播：家人们，看这金黄的烤鸭皮，看这切开之后里面鸭肉冒出来的油！直播间现在都是烤鸭的香气，我都忍不住流口水啦！

弹幕 1：卖相真好。

弹幕 2：天呐，这个颜色，受不了了！

主播：我们家的烤鸭都是精心挑选的散养鸭，你们看这个肉质多么紧实多么嫩滑啊，每一片都是肥而不腻，香而不膻！

主播：我再替大家尝尝这个皮吧，你们听听这个声音！

主播：咯吱咯吱的，这个皮脆得很啊！入口有嚼劲又不柴！

弹幕 3：刚出锅的烤鸭皮，最好吃了！

弹幕 4：这是 ××（地名）烤鸭吗？

主播：家人们，是 ××（地名）烤鸭的做法，但不是普通的烤鸭哦！这是我们家秘制的 ××× 烤鸭！

主播：我们家的烤鸭采用的是优质白条鸭，经过专业的挂炉、风干、涂料、炭火等多道工序制作而成。

主播：我们家的烤鸭不仅外皮香脆、内肉鲜嫩、油而不腻，还有一个秘密武器！那就是我们家的 ××× 秘制料汁！可以让烤鸭变得更加香气四溢、回味无穷！

主播：我们家的 ××× 秘制料汁是由多种香料和调味品精心配制而成，每一只烤鸭都要在料汁中浸泡一定时间才能入味。

弹幕 5：没有料汁腌制的烤鸭是不完整的！

弹幕 6：有没有其他口味的烤鸭啊？

主播：当然有啊，我们家的烤鸭有多种口味可选，有原味的、蜜汁的、五香的、川辣的、酱香的，等等。

主播：不管你是喜欢甜的还是辣的，我们家都有适合你口味的烤鸭！

主播：今天我们直播间有特别优惠，点击屏幕右下角的××图案，可以抽取满减券、折扣券、包邮券等！

主播：想吃的家人们抓紧时间下单，我们家的烤鸭是现烤现发，保证新鲜！

弹幕7：多少钱一只，你倒是放链接啊？

主播：先抓紧时间领券啊家人们，今天直播间特惠价，券后只要××元就能拿走一只！

主播：过了这个村就没有这个店了啊，来，3、2、1，给家人们上链接！

…………

⚠️ 【互动误区提醒】

1.主播不管面对什么样的提问都要围绕烤鸭来回答，根本目的是促进销售，不能跑题。

2.主播在介绍烤鸭口味时要进行真实宣传，不能虚假宣传，避免法律问题。

3.主播在介绍时若牵扯到其他品牌的产品则不要发表主观性评论，更不能恶意贬低，避免名誉纠纷。

3.1.4　情景31：养殖介绍

▶️ 【直播情景再现】

某生鲜食品直播间内主播小龙手里拿着一块猪肉正在向观众展示，他一边介绍肉的颜色和纹理，一边给观众展示检疫合格的证明。

弹幕上很多观众都在发言，有人说现在很多猪都是用激素喂出来的，没多少营养；有人问是不是散养的猪啊，别拿圈养的来忽悠人啊；有人问这是哪个部位的肉，粉丝有没有优惠啊……

🖥️ 【直播弹幕分析】

1.对于询问是不是散养猪的观众，其对猪肉的口味和肉质有要求，主播要注意介绍猪的养殖方式和猪肉特点。

2. 对于询问猪肉分割位置的观众，其应该有一定的买肉经验，主播要注意展示猪肉的优质和性价比。

💬【主播互动演练】

主播：家人们，下面这个产品厉害了，上好的××（品牌名）黑猪肉！这个猪的养殖方法那可跟普通猪区别大了，咱们这个黑猪，吃五谷、饮山泉、做按摩、听音乐！

主播：可想而知，那猪肉肯定不是一般猪肉能比的！

弹幕 1：过得比人还舒服。

主播：我给大家看看这个黑猪肉的肉质啊，我手里拿的这块是五花肉，你们看这个颜色，只有新鲜的好肉才有这个颜色，色泽红润油亮，肥瘦相间！是上品的五花肉！

主播：我用手指轻轻一捏，你们看这个弹性多好啊！这就说明这个肉新鲜又嫩！

弹幕 2：看着挺漂亮！

弹幕 3：这是散养的猪吗？

主播：家人们，这是我们家特供的散养××（品牌名）黑猪肉！这些黑猪都是在山里圈一块地进行散养的，吃的也是天然的谷物麦糠这类健康食物，生长过程中没有任何激素、抗生素、添加剂等摄入，肉质没有任何污染、残留、异味等问题，绝对的健康肉！

主播：正是这样高标准的养殖方式，才能让我们的黑猪肉一直保持高品质。

弹幕 4：听起来不错！有没有检疫证明？

主播：我们家的黑猪都是经过严格检验、屠宰、分割、冷藏等流程处理后才能出售的，保证每一块肉都是新鲜、卫生、安全的！

弹幕 5：不想吃五花，有没有其他部位的肉？

主播：当然有啊，我们家的黑猪肉有多种部位可选，有瘦肉、肋排、猪蹄、猪耳、猪肝、猪心等，需要的家人们点击直播间屏幕下方的商品链接进行选购。

弹幕 6：怎么卖啊？

弹幕 7：链接呢？

主播：今天我们直播间回馈粉丝，这么好的黑猪肉，××元一斤，数量有限，抢完就没有货补了!

弹幕 8:不便宜啊。

主播:我们家的黑猪肉是现杀现发,冷链送达,保证新鲜!

主播:这么好的机会,再犹豫就完全抢不到了,来,15 号链接,上链接!

…………

⚠️ 【互动误区提醒】

1. 主播要对猪的养殖方式有所了解,掌握相关的知识,遇到观众提问时不能一问三不知。

2. 主播对于猪的养殖情况要进行真实宣传,可以适当美化,但不能为了销售而虚构优势条件。

3. 主播在跟观众互动时要具备生活常识,特别是猪肉这种千家万户都不可或缺的食材,要有生活经验,不能出现鸡同鸭讲的情况,导致观众产生严重的距离感。

3.1.5 情景 32:种植介绍

📺 【直播情景再现】

某农产品直播间内主播小田正在向观众介绍一款甜玉米,他还特意准备了一些带皮的新鲜甜玉米。只见他一边将甜玉米剥开,给观众展示里面玉米的颜色,一边扣下几粒,用手指轻轻地掐出汁水来。

很多观众在弹幕上发言,有人说现在的玉米都是用化肥和农药种出来的,没多少营养;有人问是不是有机玉米啊,别拿转基因的来忽悠人啊;有人问有没有其他品种的玉米啊,价格有没有优惠啊……

🖥️ 【直播弹幕分析】

1. 对于询问是不是有机玉米的观众,其可能是对选购和食用玉米有特定的要求,主播要注意介绍玉米的品种特点和种植方式。

2.对于询问化肥和农药问题的观众，其更多是担心食品健康，主播要注意通过讲解种植方面的知识，来打消他们的疑虑。

3.对于询问其他玉米品种的观众，其可能有特定的喜好，主播可以引导他们进入店铺进行选购。

💬【主播互动演练】

主播：直播间里有多少朋友小时候在田间地头烤过玉米吃，我直到现在都还怀念小时候吃的烤玉米的味道，啧，真是太好吃了，这么多年再也没有吃到过小时候的那个味道了。

弹幕1：是我没错，烤玉米，烤红薯！

弹幕2：小时候都是玩到哪块地就吃哪块地！

弹幕3：太怀念了。

主播：那接下来我给大家带来的就是小时候的味道，×××（品牌名）黄糯鲜玉米，Q弹软糯，一箱有5穗和10穗两种规格。

弹幕4：是不是甜玉米啊。

弹幕5：拆开看看啊！

主播：是甜玉米啊，咱们这个×××（品牌名）黄糯鲜玉米是甜玉米。我直接给大家看我们家刚摘下的带皮新鲜玉米棒子，让大家看看我们家玉米的品质！

主播：家人们，这是一根带皮的，上面须子都是新鲜的，我现在给大家剥开看看。

主播：你们看这个色泽，多鲜亮，颗粒均匀饱满紧实，每一粒都圆润饱满，紧密排列！

主播：我用手都能掐出水来，你们看，这多嫩啊！这个玉米汁水好甜！

弹幕6：金黄金黄的，好漂亮！

弹幕7：看起来真不错。

弹幕8：这是有机玉米吗？不是转基因的吧？

主播：家人们，我们家卖的所有玉米都是有机产品，我们对每一穗玉米负责，绝不销售转基因的玉米！

主播：而且我们家玉米都是在无污染、无化肥、无农药等自然条件下种植的，阳光、水源、天然肥料，绝对的非转基因、健康绿色食品！

弹幕9：以前玉米都是这么种的。

主播：这款×××（品牌名）黄糯鲜玉米的每一穗都必须经过严格的检验、采摘、清洗、包装程序，所有上市销售的玉米都具备完整的检验报告，我们家的甜玉米可以保证每一穗都是新鲜、卫生、安全的！

弹幕10：听起来挺不错的！

弹幕11：有没有其他品种的玉米啊？

主播：有的，我们家的玉米有多种品种可选，有白玉米、紫玉米、黑玉米、彩玉米，还有水果玉米。喜欢吃其他品种玉米的家人点击我们的直播间头像进入店铺首页，挑选即可，直播间优惠可以通用！

主播：今天在直播间下单的家人们可以享受粉丝专享价，5穗××元，10穗××元！

主播：主播再给大家送一个亲友福利，达到×××元就可使用30元的满减券！

主播：家人们，满减券已经发出去了，大家点击直播间左上角的链接领取啊！数量有限，发完即止！

主播：来，家人们，17号链接，×××（品牌名）黄糯鲜玉米，儿时美味，抓紧抢购哦！

弹幕12：已买，速速发货。

弹幕13：回忆一下！

…………

⚠【互动误区提醒】

1. 主播要对玉米等常见农作物的种植方式有所了解，面对观众问题时才能对答自如，不能一无所知，毫不专业。

2. 主播不能为了销售和销量而进行虚假宣传。

3. 主播要拉近与观众之间的距离，要"接地气"，不能让人觉得拒人千里之外。

3.1.6 情景 33：产地介绍

【直播情景再现】

某水果直播间内主播小光正在销售一批新鲜葡萄，小光根据自己的专业知识向观众介绍这款葡萄的产地、特色。弹幕上有很多人发弹幕提问：这个葡萄是哪里产的，味道有什么优势，甜不甜，有没有农药，保鲜期多久……

【直播弹幕分析】

1. 对于询问葡萄产地的观众，其可能对不同地区的水果有不同的偏好或者认知，主播要抓住葡萄的产地特点进行介绍，可展示相关的图片或视频。

2. 对于葡萄来说，甜度是影响它口感和品质的重要因素，对于担心葡萄不甜的观众，他们可能曾经吃过酸涩或者无味的葡萄，主播要抓住葡萄的甜度指标进行介绍，可进行现场试吃。

3. 对于询问有没有农药和保鲜期的观众，他们可能更多关注健康和安全的需求，主播可以就这些方面进行讲解。

【主播互动演练】

主播：家人们，我现在卖的这批新鲜葡萄来自××（地名），那里是中国最大的葡萄种植基地，有着得天独厚的自然条件！

弹幕 1：××（地名）葡萄挺出名。

弹幕 2：××（地名）葡萄干好吃。

主播：大家看我们家葡萄的色泽，漂亮吧！这是因为××（地名）那边自然条件好，有着充足的日照和温差，加上有机质含量高的土壤，让葡萄的品质和口感更好。

主播：像这个紫色的葡萄，它的甜度可以达到 20！你们想象一下，咬一口都是满满的果汁和香气！

弹幕 3：真的吗？我怕酸，酸必差评。

弹幕 4：你试试看先。

主播：没问题，我就先替大家试吃一下。咱们每一颗都甜，我随便挑一个啊，看这个葡萄，颗粒饱满，皮薄肉厚的，真漂亮啊！

主播：哇！甜！是真甜！太好吃了！你们看这个果肉！

弹幕5：给我看流口水了。

弹幕6：看着还不错。

主播：而且我们家葡萄都是无农药、无添加、无污染的绿色食品！

弹幕7：保鲜期多久？

主播：我们家葡萄采用了专业的冷链运输和保鲜技术，大家收到的都是新鲜葡萄，建议大家收到货后尽快食用，如果想延长保存时间，可放冰箱里冷藏，最好不要超过一周。当然，不新鲜包退！

主播：今天直播间特惠价，1000克××（地名）葡萄只要××元！喜欢葡萄的家人们千万别错过！来上6号链接！

弹幕8：还行，挺划算的。

弹幕9：下单了。

…………

⚠️【互动误区提醒】

1. 主播要熟悉葡萄的产地知识，面对观众的提问要做出流畅和专业地回答，不然会使观众把对主播个人的不好印象直接投射到产品上。

2. 主播不能对葡萄的品质进行过分夸大，这样会涉及虚假宣传等问题。

3. 主播在介绍葡萄产地相关内容时，不能对其他产地进行贬低。

3.1.7 情景34：食用介绍

📺【直播情景再现】

某休闲食品直播间内主播小欢正在制作一款速食螺蛳粉，她将螺蛳粉的包装拆开，一边向观众展示各种配料，一边将粉下入锅中，待粉煮好后再依次下入各种配料等。弹幕上的留言飞快地滚动，观众都对这款美食很感兴趣：已经闻到味了，臭不臭？看起来很好吃啊！多买有没有优惠？

🖥️【直播弹幕分析】

1.对于积极热情发言的观众，他们大多兴致较高，主播要注意和他们互动来调动更多人，从而带动直播间气氛。

2.对于问螺蛳粉臭不臭的观众，他们可能是在玩梗，主播不要在意，跟大家一起玩就好。

3.对于询问多买是否优惠的观众，其可能在日常生活中经常食用螺蛳粉，他们更多注重稳定的口味和较高的性价比。

💬【主播互动演练】

主播：今天给大家带来的是这一段时间非常火爆的×××螺蛳粉，都说螺蛳粉臭，今天主播豁出去了，就是"炸"了直播间，也得给你们现场做一碗看看！

弹幕1：三思。

弹幕2：勇！

弹幕3：螺蛳粉好臭的。

主播：我现在把包装拆开给大家看看，这里面有米粉100克、调料包200克，这个调料包里面有螺蛳粉汤料包、木耳黄花菜酸豆角萝卜干包、酸笋包、辣油包、花生腐竹包、酸醋包。

主播：这款螺蛳粉平时大家吃的时候很方便，跟泡面一样，先把米粉包放进开水里，稍微煮下或泡个3到5分钟，然后依次把这一堆料包放进去，搅拌搅拌，就可以开吃了！

主播：不管你是在家里吃宵夜还是出去旅游、朋友聚餐等，想吃就吃，不用等待！

主播：我现在就把这些粉和料下到锅里，咱们等3分钟，就直接开吃！

弹幕4：感觉已经能闻到味了。

弹幕5：还没吃就看饿了。

弹幕6：等不及了。

主播：好，咱们的螺蛳粉泡好了！我现在就来替大家试吃一下，哇，好香啊，这个味道真是又臭又香，让人欲罢不能！

主播：这个酸笋好脆，酸酸的很好吃。腐竹是焦焦的，咬起来嘎嘣嘎嘣的。哇，家人们，真的好吃啊！

弹幕 7：别说了！

弹幕 8：快说多少钱，我马上下单，你骑马给我送过来！就现在！

主播：这个螺蛳粉真的很好吃，今天在我们直播间，大家可以先点点关注领一个满 30 减 5 的优惠券，多满多减啊，上不封顶。

主播：来，喜欢的朋友们，准备了，9 号链接，3、2、1，冲！

弹幕 9：开冲。

…………

⚠ 【互动误区提醒】

1.主播在向观众介绍速食螺蛳粉的食用方法时一定要突出简单方便的特点，不能让观众感觉到很麻烦，否则将会打击观众的消费冲动。

2.主播销售螺蛳粉或者说销售食品类的产品时不能只是简单进行语言介绍，一定是要结合吃和展示的动作，将观众带入进来，才能让语言发挥相应的作用。

3.主播在试吃或者展示螺蛳粉的时候一定要注意卫生问题，不能因为卫生问题影响观众对食品的印象。

3.1.8 情景 35：使用介绍

▶ 【直播情景再现】

某文具用品直播间正在热卖几款徽墨，主播小斋正在向观众展示一款传统手工制作的徽墨，观众在弹幕上纷纷提出了自己关心的问题，有人问徽墨是什么，有人问徽墨的特点是什么，有人问徽墨的用途是什么，有人问怎么用徽墨才能画出好的作品……

🖥 【直播弹幕分析】

1.对于在弹幕上询问徽墨是什么的观众，其可能是对徽墨不太了解，也可能是对中国传统文化感兴趣，主播需要简单介绍一下徽墨的历史和制作过程。

2.对于在弹幕上询问徽墨特点的观众，他们可能是对徽墨有一定认识，或者正在挑选合适的徽墨。

3. 对于在弹幕上询问怎么用徽墨才能画出好作品的观众，主播应结合徽墨的特性向他们讲解一些专业的使用技巧。

💬【主播互动演练】

主播：欢迎各位朋友今天来观看 ×××（品牌名）徽墨的专场直播，我相信大家都知道中国四大发明中的造纸术和印刷术，而这两项发明都离不开我们今天要给大家带来的产品——徽墨！

主播：徽墨是中国传统手工制作的一种优质墨，它是用植物油烟和动物胶混合而成的，经过多次研磨、晾晒、切割、雕刻等工序才能制成！

主播：咱们今天给大家带来的是一款最经典也最受欢迎的徽墨——××（类别名）徽墨！这款徽墨呢，不仅外形精美，还有着非常好的书写和绘画效果，主播今天也会详细教教大家怎么使用这款徽墨，不要走开哟！

弹幕 1：徽墨跟普通墨锭、墨块有什么区别？

弹幕 2：这个 ××（类别名）是什么意思？

弹幕 3：这个徽墨可以用来做什么？

主播：家人们，咱们这款 ××（类别名）徽墨呢，是用安徽省 ××（地名）附近产出的一种特殊石头作为原料的。这种石头呢，颜色青灰，质地坚硬，含有丰富的矿物质，它被用来制作徽墨后呢，可以使咱们这款徽墨具有非常好的稳定性、流畅性和韧性，不会出现断墨、沉淀、发霉等现象。

主播：更厉害的是！咱们这款徽墨的颜色也非常美，它可以呈现出深浅不一的灰黑色，有着非常好的层次感和立体感。咱们这款徽墨呢，可以用来书写和绘画各种风格的作品，无论是楷书、行书、草书，还是山水、花鸟、人物，都可以用咱们这款徽墨来表现出不同的韵味和气息！

助播：接下来就让咱们的主播教教大家怎么用好徽墨！

主播：好的，我现在就来教教大家怎么正确用好徽墨。首先像主播这样先用清水洗净毛笔，然后拿出我们的砚台，将清水倒一点点在砚台上，再拿出我们的徽墨，将徽墨放在砚台上，轻轻地在砚台上磨墨。

主播：磨墨的时候注意力度要均匀，速度要适中，不能太快也不能太慢，要根据自己需要的墨汁浓度来调节。磨墨的过程中呢，可以感受一下徽墨的香气和质感，这也是一种享受哦！当觉得墨汁已经达到自己想要的效果时，就可以停止磨墨了。

弹幕 4：有什么技巧吗?

主播：现在可以拿起毛笔，在纸上试一试墨汁是否合适，如果觉得太浓或者太淡，可以再回到砚台上进行调整。最后，就可以开始用咱们这款徽墨来创作大家想要的作品啦！

主播：主播我今天给大家献个丑，写一副"诚意千金"送给大家！

弹幕 5：主播多说点儿!

主播：家人们，除了刚刚咱们说的用徽墨的基本步骤以外，还有一些小技巧可以让你们的作品更加精彩!

主播：比如说呢，可以根据不同的风格和题材来选择不同的毛笔和纸张。如果你们想要画一幅山水画，那么你们可以选择一支笔头较粗、吸水量较大的毛笔，这样可以画出更加雄浑、气势的线条。

主播：纸张的话，可以选择一种质地较粗、吸水性较强的宣纸，这样可以让咱们这款徽墨更加渗透、流动，在纸上形成更加自然、生动的效果。

弹幕 6：不会画画，就会写字。

主播：如果想要写一幅书法作品，可以选择一支笔头较细、弹性较好的毛笔，这样可以写出更加细腻、流畅的字体。

主播：纸张的话，可以选择一种质地较细、吸水性较弱的宣纸或者绢纸，这样可以让咱们这款徽墨更加均匀、清晰，在纸上形成更加规整、美观的效果。

弹幕 7：入门小白受教了。

…………

⚠ 【互动误区提醒】

1. 主播在介绍徽墨的背景和特别之处时一定要专业、热情，不要显得业余，更不要情绪冷淡。

2. 主播在演示徽墨的使用方式时一定要清晰、流畅，不要模糊、卡顿、手忙脚乱。

3. 主播向观众介绍有关徽墨的内容时一定要有趣、有用，不要枯燥、无聊，若实在趣味有限也要专业性强，使人有所受益。

3.1.9 情景 36：适用介绍

📺 【直播情景再现】

某地区一特产直播间正在热卖几款红参，主播小海正在向观众介绍一款××（品牌名）红参片，直播间里有不少观众对这款红参片很感兴趣，大家纷纷在弹幕上进行互动，有人问红参片的功效如何，有人问吃了会不会上火，有人问怎么吃才有效果，有人问孕妇能不能吃……

🖥 【直播弹幕分析】

1. 对于弹幕上询问红参片功效的观众，其可能面临一些养生健康困扰，想要通过吃红参来滋补身体，增强体质，提高身体免疫力，或者有这方面的意愿和倾向性，主播注意强调红参的功效和优势。

2. 对于弹幕上询问吃了会不会上火的观众，其可能比较担心红参的性热，对身体的不良作用。

3. 对于询问孕妇能不能吃的观众，其可能正在为孕妇挑选滋补品，或者本身就是孕妇，主播可针对红参的适用体质进行推荐。

💬 【主播互动演练】

主播：今天呢，我给大家推荐的是一款超级滋补的 ××（品牌名）红参片，是 ××（地名）进口且保证正品的红参片！

主播：现在生活节奏快，各行各业都很卷，学习的卷，工作的更卷！大家都很辛苦！

弹幕 1：呜呜呜。

主播：平时工作学习压力大，身体容易虚弱，抵抗力下降，经常感冒发烧，或者是精神不集中，记忆力下降，主播最近很明显有这样的感觉，不知道大家的情况怎么样？

弹幕 2：是我没错了！

弹幕 3：对提高免疫力有效吗？感觉自己体质有点差。

主播：红参呢，是一种非常神奇的植物，它可以调节我们的内分泌系统，增强我们的免疫力，让我们更有活力和精神！

主播：而且红参还可以改善我们的血液循环，促进新陈代谢，帮助我们排出体内的毒素和废物，所以说吃了红参之后，你会感觉到身体轻松了很多，精神也更好了。

弹幕4：是不是性热？吃了会不会流鼻血啊？

主播：其实呢，这个问题很多人都有误解，认为红参是性热的食物，吃了会上火，这是不对的！

主播：红参虽然有温补功效，但它并不是单纯的燥热之物，它可以根据我们身体的实际情况来调节，所以说吃了红参并不会让你上火，反而会让你身体更舒服！

弹幕5：真的假的，没听过啊，有保障吗？

主播：咱们挑选保健品类的产品，一定要去选择品质优良和功效明显的产品。咱们家这款××（品牌名）红参片是经过国际权威机构认证的高品质产品，每一片都含有足量的有效成分，而且咱们家这款××（品牌名）红参片是采用水溶性技术制成的，所以吸收率非常高，在口中就可以溶解，在胃里就可以被吸收，不会造成任何负担和浪费。

弹幕6：怎么吃才有效？

主播：家人们，咱们这款××（品牌名）红参片的用法很简单，每天早上空腹吃一片，用温水送服，就可以了。如果你想要增强效果，可以在下午再吃一片。这样坚持吃一个月，你就会发现你的身体有了很大的改善，不仅免疫力提高了，精神也更好了，连皮肤都变得更光滑有弹性了！

弹幕7：真的吗？

弹幕8：孕妇能吃吗？

主播：我看到×××宝宝问孕妇能不能吃咱们这个红参，是这样的，咱们这个××（品牌名）红参片虽然是天然的植物制品，但是孕妇还是要谨慎食用的。

主播：因为孕妇的身体比较敏感，有些人可能会对红参过敏或者不适应，所以建议孕妇在食用之前先咨询一下医生或者营养师，看看自己是否适合吃红参。

弹幕9：我觉得没用！

弹幕10：还是遵医嘱，不能自己瞎吃。

主播：有人说吃了没用，主播想说任何东西的作用都是因人而异的，如果你吃了没用，那可能确实不适合你！

主播：咱们这款红参主打的是提高免疫力和抵抗疲劳，看 11 号链接。如果你想要补气血或者美容养颜的产品，可以看下咱们右下角购物车里的 14 号链接和 15 号链接，主播会一一给大家展示介绍的哟！

弹幕 11：讲讲美容养颜那个。

…………

⚠ 【互动误区提醒】

1.主播要不断增加关于红参等滋补保健品方面的知识储备，提高专业能力，介绍的时候绝对不能磕磕巴巴，否则会严重削弱观众对产品的信心。

2.主播在介绍红参的适用情况时要自信流畅，将功效相关内容介绍到位，不能一笔带过、含糊其词。

3.当有特殊人群询问时，主播要根据其实际情况给出建议，不要为了销售而不假思索地进行推荐。

3.1.10　情景 37：原料介绍

📺 【直播情景再现】

某食品饮料直播间内主播小瑗正拿着一瓶无糖气泡水向观众展示，助播还准备了另外几种不同口味的无糖气泡水等待展示。弹幕上不断有人发弹幕提问：这个无糖气泡水真的没有糖吗？有没有添加剂？有没有咖啡因？有没有碳酸？现在有没有优惠？

🖥 【直播弹幕分析】

1.对于询问气泡水成分的观众，其可能对饮料的健康性和安全性有一定的关注，主播要注意介绍气泡水的原料和制作过程，如使用什么甜味剂、是否经过检验及是否符合标准等。

2.对于询问气泡水口感的观众,其可能对饮料的味道和清爽度有一定的期待,主播要注意介绍气泡水的口感特点,如是否有咖啡因、是否有碳酸和是否有其他风味等。

3.对于询问气泡水优惠的观众,其可能对饮料的价格和数量有一定的需求,主播要注意介绍气泡水的优惠活动,如是否有满减、是否有赠品和是否包邮等。

【主播互动演练】

主播:家人们好,我是小瑗,欢迎大家来到我的直播间!今天我给大家带来了新品气泡水,这是一款0糖、0脂,低卡路里,高清爽度的无糖饮料,适合所有人喝哦!

主播:炎炎夏日,手握一瓶清凉沁爽的冰气泡水,简直是人生享受啊!

弹幕1:真的无糖?

弹幕2:有没有添加剂?

弹幕3:多少钱一瓶?

弹幕4:怕是会越喝越胖?

主播:我手中的这瓶气泡水是真正的无糖啊,它使用了天然甜味剂——甜菊叶提取物,不含任何人工合成的甜味剂。甜菊叶提取物是一种植物性甜味剂,它不会被人体吸收和代谢,所以不会产生卡路里,而且它比白砂糖还要甜300倍呢!

弹幕5:甜菊叶提取物安全吗?

弹幕6:看起来很清澈啊?

弹幕7:打开倒出来看看。

主播:当然安全啊,甜菊叶提取物已经通过了国际食品安全机构的评估和认证,也符合我国食品安全标准。它是一种天然植物性甜味剂,不会对人体造成任何不良影响。

主播:我倒出来给大家看一下这瓶气泡水的颜色。这款气泡水是透明的液体,没有任何颜色添加剂,这是因为使用了先进的过滤和灭菌技术,保证了气泡水的纯净度和卫生度!

弹幕8:有没有咖啡因?

主播:这款气泡水是不含咖啡因的,所以不会让你兴奋或失眠,也不会影响你的心血管健康。

弹幕 9：有没有碳酸？

弹幕 10：怎么喝最好？

主播：这款气泡水含有碳酸，它跟可乐一样都属于碳酸类饮料，所以会有一种清爽的泡泡感，可以帮助你消化和提神。气泡水的喝法当然是冰镇后直接畅饮！当然，你也可以根据自己的喜好加入一些水果或者冰块，做成一些饮品，更美味哦！

弹幕 11：有没有其他口味？

主播：我手中这款无糖气泡水是蜜桃味的，此外还有柠檬味、葡萄味、草莓味等多种口味！喜欢的朋友看 3 号链接，3 号链接啊，下单快人一步，今天有优惠，所以数量有限哦！

弹幕 12：我要买！

弹幕 13：现在有没有优惠？

主播：今天我们的气泡水推出一个超级优惠活动，就是买两箱送一箱，买四箱送两箱，买六箱送三箱！而且全国包邮哦！这样算下来，每瓶气泡水相当于打了 66 折，比超市还便宜！这么好的机会千万不能错过！

…………

⚠ 【互动误区提醒】

1. 主播要熟悉无糖饮料相关的原料知识，要能够根据不同的情况做出专业的应对，不能说车轱辘话，不能在说服观众时露怯。

2. 主播在介绍无糖气泡水原料相关内容时要给观众直观展示，让他们明白不同气泡水之间的区别，不要一直枯燥地说个不停。

3. 主播要不断提高自身的专业素养，不能在介绍原料时乱说一通。

3.1.11　情景 38：生产介绍

▶ 【直播情景再现】

某品牌食品直播间内主播小念正在推销一款速冻水饺，该款速冻水饺属于偏向中高端客户的水饺，小念正在向观众介绍这款饺子的生产过程。弹幕上出现了很多提问：皮是不是手工擀的？馅是不是新鲜的？有没有添加剂？怎么煮才好吃？保质期多久？

【直播弹幕分析】

1. 对于关心饺子皮的观众，其可能对饺子皮的口感和厚薄有一定的期待，主播要抓住饺子皮的手工擀制和精选面粉的特点进行介绍，必要时可在现场进行相关演示。

2. 对于关心饺子馅的观众，其可能对饺子馅的新鲜度和营养价值有较高的关注，主播要抓住饺子馅的选料和制作工艺的特点进行介绍，必要时可在现场进行相关演示。

3. 对于关心饺子是否有添加剂的观众，其可能对食品安全有较高的敏感度，主播要抓住饺子无添加剂和通过国家检测的方面进行介绍，必要时可展示相关证书和标识。

【主播互动演练】

主播：家人们，我们家这款速冻水饺是真正的手工制作，每一张皮都是由师傅们用传统方法擀出来的，不用任何机器压制，跟从工业流水线上下来的水饺皮完全不同！

弹幕 1：真的假的，手工包？

主播：我从师傅们工作的案子上拿了一些饺子皮，现在给大家看看，你们看这个皮多薄啊！这些饺子皮原料是精选优质精细小麦粉，别看饺子皮薄，但是它弹性好，不易破，口感更是细腻柔软！

弹幕 2：看起来倒是不错，就是不知道是不是只有面子没有里子。

主播：不光是皮，我们家手工饺子的馅料也是非常新鲜美味的，每天都有专业的采购人员从当地农场采购新鲜肉类和蔬菜，经过精心调味和搅拌，经师傅手工一个个包成我们眼前的饺子！

主播：耳听为虚，眼见为实，我准备了一个视频来给大家展示我们家这款纯手工水饺的生产过程，我现在放给大家看看。

主播：这里展示的是我们的生产车间，高标准的卫生条件，可以看到工人师傅们各种卫生防护用具都穿戴整齐，饺子就是这样一步一步从生产车间走到大家面前的。

弹幕 3：看起来不错啊，确实干净卫生。

弹幕 4：确实是手工包的。

主播：正因为是这样，我们敢大胆地跟大家保证，我们家这款手工水饺绝对是高品质的好水饺！

弹幕 5：馅料怎么样，都有什么味的？

弹幕 6：有什么特色吗？

主播：我们家这款手工水饺的馅料都是新鲜肉类和蔬菜，手工包完后就进入了冷库，最大限度保证营养成分不流失！

主播：而且口味多样，有三鲜、牛肉、羊肉、猪肉、菜肉、芹菜、香菇等。每一种口味都有自己的特色，比如三鲜饺子里面有虾仁、猪肉、蛋黄等，非常鲜香营养；牛肉饺子里面有牛肉、胡萝卜、洋葱等，非常香嫩多汁；羊肉饺子里面有羊肉、茴香、姜等，非常暖胃解腻。

主播：我可以现场随机给大家切开一个饺子，让大家看看我们的饺子馅料。

主播：家人们，我没有夸口吧，你们看这个馅料多实在，肉类蔬菜都很新鲜！

弹幕 7：看着很不错！

弹幕 8：有没有添加剂啊，安全吗？

主播：家人们尽管放心，我们家饺子是绝对无任何添加剂的，所有的原料都是天然的，没有任何人工色素、防腐剂、香精等。我们家饺子也通过了国家食品安全检测，有相关的证书和标识，大家可以放心食用。

弹幕 9：保质期多久啊？

主播：我们家这款手工速冻水饺的保质期只有六个月，因为没有任何添加剂，放在家里冰箱的冷冻室就行。不过我建议大家尽快食用，越新鲜越好吃！

主播：今天直播间给特价，99 元 2 斤装的手工水饺，可以自由搭配牛肉、羊肉、猪肉等不同的口味，满足一家人的胃口。需要的朋友们千万别错过！来，上 18 号链接！

弹幕 10：不算贵，还行。

…………

【互动误区提醒】

1. 主播要熟悉手工水饺的生产过程，面对观众的质疑要做出流畅和专业的回答，不能一问三不知，更不能逃避关键问题，否则将无法得到观众的信任。

2. 主播不能对饺子的口味和营养效果进行过分夸大，否则将会涉及虚假宣传等问题。

3.1.12 情景 39：品质介绍

【直播情景再现】

某水果直播间内主播小鑫正捧着刚开出来的一大瓣榴莲果肉向观众展示，助播还准备了另外几颗不同品种的榴莲等待展示。不断有人在弹幕上提问：这个榴莲是哪里产的？有没有猫山王？能不能包邮？能不能保鲜？榴莲怎么选？

【直播弹幕分析】

1. 对于询问榴莲产地的观众，其可能对榴莲的品质和口感有一定的要求，主播要注意介绍榴莲的产地特色，如气候、土壤、品种等。

2. 对于询问榴莲品种的观众，其可能对榴莲的香气和甜度有一定的偏好，主播要注意介绍榴莲的品种特点，如肉质、籽数、颜色等。

3. 对于询问包邮和保鲜问题的观众，其可能对榴莲的快递运输和保存有一定的担心，主播要注意介绍榴莲的包装方式，如真空包装、冷链运输、保鲜期限等。

【主播互动演练】

主播：欢迎家人们来我的直播间！今天我给大家带来了重磅福利，××（地名）进口的榴莲！

弹幕 1：××（地名）的榴莲好吃吗？

主播：大家应该都注意到了今年的榴莲价格涨得很厉害，短短半个月内，以前吃得起的榴莲现在都得咬咬牙才能买了，品质好的榴莲价格就涨得更厉害了！

弹幕 2：你们家有没有猫山王？

弹幕 3：××（地名）的榴莲多少钱一斤？

主播：××（地名）是榴莲的原产地之一，那儿的气候适宜，土壤肥沃，种植了很多优质的榴莲品种，可以说××（地名）就是榴莲品质的保证之一。

主播：我手中这颗榴莲就是猫山王啊，猫山王是榴莲中的皇后，香气浓郁，甜度高，肉质细嫩，籽少肉厚！

弹幕 4：真的是猫山王吗？

弹幕 5：看起来很大啊？

弹幕 6：能不能开个口看看？

主播：当然是真的啊，这还能有假！我先给大家看一下这颗猫山王的外形，你们看这个榴莲的形状呈圆锥形，表面有很多尖刺，颜色是深绿色，这些都是猫山王的特征啊。

主播：我手里这颗猫山王大约有 3 斤，更是 10 年以上老树产出的榴莲，品质上乘！现在直播间特价 ×× 元一斤，买两颗还包邮哦！

弹幕 7：全国包邮吗？

主播：全国包邮啊，家人们，放心买！

弹幕 8：保鲜吗？

弹幕 9：怎么知道熟了？

主播：我们是用真空包装和冷链运输的，保证榴莲的新鲜度和口感。我们的榴莲都是现摘现发的，不会放置太久，所以都是熟透的。一般来说，你们可以通过外形、气味等来判断榴莲的熟度，外形上，熟透的榴莲会有一些裂缝；气味上，熟透的榴莲会有一股浓郁的香味。

主播：我现在就给大家现场选一个打开看看！像这个，就是熟得刚刚好的，我给大家打开。

弹幕 10：果肉好漂亮！

弹幕 11：主播一挑一个准啊！

主播：大家看这个榴莲的肉是金黄色的，很厚很软，一掰就断，果核还小。现在整个直播间都是榴莲的浓郁香味，我都不自觉开始流口水了！这就是猫山王的魅力啊！

主播：喜欢的朋友看 1 号链接，赶紧下单，数量有限，卖完想抢都没有！

弹幕 12：冲！

…………

⚠️ 【互动误区提醒】

1. 主播要熟悉榴莲品质相关的介绍词汇，要能够在不同的情况下打动观众，不能一套词说个没完。

2. 主播在介绍榴莲品质时要尽量进行实物演示，要给观众最直接的冲击，不要白费口舌做无用功。

3. 主播不能弄虚作假，使用与所销售榴莲不同的高品质榴莲进行直播演示。

3.1.13 情景 40：标准介绍

▶️ 【直播情景再现】

某生鲜直播间内主播小舟正拿着一只皮皮虾向观众展示，地上的筐里还有梭子蟹、白虾、八爪鱼等各类海产品。弹幕上不断有人提问：这个是皮皮虾是哪里产的？有没有冰冻过？新鲜吗？有没有腥味？怎么做才好吃？

🖥️ 【直播弹幕分析】

1. 对于询问皮皮虾产地的观众，其可能对于海鲜的品质和安全性有所关注，主播要注意介绍皮皮虾的进口和检疫标准，如原产地、运输方式、保鲜措施等。

2. 对于询问皮皮虾新鲜程度的观众，其可能对于海鲜的新鲜度和口感有所要求，主播要注意介绍皮皮虾的冷链和解冻方法，如温度、时间、水质等。

3. 对于询问腥味的观众，其可能对于海鲜的味道和食用方法有所好奇，主播要注意介绍皮皮虾的特点和做法，如肉质、颜色和调料等。

💬 【主播互动演练】

主播：家人们，大家好啊！我是小舟，今天我给大家带来的是野生带膏母皮皮虾！

主播：直播间里有多少喜欢吃皮皮虾的家人，大家发弹幕让我看到。

弹幕 1：香辣皮皮虾，我的最爱。

弹幕 2：家里孩子喜欢吃清蒸皮皮虾。

主播：皮皮虾多穴居，常在浅海沙底或泥沙底掘穴，它的肉质非常紧实，富含蛋白质和微量元素，是很有营养的海货！但今天我给大家带来的是更大个的进口野生带膏母皮皮虾！营养更丰富，味道更鲜美！

主播：家人们看我手中这只皮皮虾，我刚从这个盆里捞起来的，活蹦乱跳的，壳薄肉肥啊！

弹幕 3：这个虾是哪里产的？

弹幕 4：虾子看起来很漂亮！

主播：我手中这批皮皮虾是从 ××（地名）进口的，××（地名）是世界上最大的皮皮虾出口国，产虾的海域非常干净，水质优良。

弹幕 5：会不会有什么细菌啊？

弹幕 6：前几天刚曝出有一批进口的货物携带病菌。

主播：我们从 ××（地名）进口的皮皮虾都是经过海关严格检疫和检测的！符合国际标准和国内标准，大家完全可以放心！

主播：这个是我们的检疫检测证明，这个是海关那边的信息证明，完全是没有任何问题的，安全优质的海货！

弹幕 7：运输过程中会不会变质啊？

弹幕 8：是不是冻货？

弹幕 9：新鲜吗？

主播：我们从 ××（地名）进口的皮皮虾都是采用专业的冷链运输方式，从捕捞到装箱，从运输到仓库，再到发货，最后到你们手中，保证新鲜！

主播：我们有活虾和冷冻虾两种选择，家人们可以根据自己的需求进行选购！

弹幕 10：解冻要怎么做啊？

主播：解冻很简单，只要把皮皮虾放在清水中浸泡一会儿就可以了，或者在保鲜层内放置解冻。需要注意的是，不能用热水或者其他加热方式，那样会影响肉质和营养。

弹幕 11：怎么做才好吃啊？

主播：皮皮虾的做法很多啊，你可以清蒸、煮汤、炒饭、炒面、炸酥或烤着吃，都很美味啊。我个人最喜欢的是清蒸啊，只要把皮皮虾洗净，放在蒸锅里，撒上一点盐和葱花，蒸 10 分钟左右就可以了啊。出锅后，配上一点醋和姜丝，简单又美味啊！

弹幕 12：有画面了。

主播：今天直播间下单满 ×××元立减 ××元，喜欢吃皮皮虾的家人们注意了，来，我们的 7 号链接，上链接！

…………

⚠【互动误区提醒】

1. 主播要熟悉皮皮虾等常见海产品的进口和检疫标准相关知识，让观众放心选购，不能不懂装懂，更不能糊弄了事。

2. 主播在介绍皮皮虾时最好拿着实物进行直观演示，让观众对海鲜的新鲜度和品质有清楚的认识，不要只说不做或者用图片代替。

3. 主播要储备一些与厨艺和食谱相关的知识，以便能更好地跟观众进行互动，不要照本宣科，死气沉沉。

3.1.14　情景 41：等级介绍

▶【直播情景再现】

某地区一特产直播间内主播小青手上拿着一盒冬虫夏草正在跟观众做介绍，小青介绍冬虫夏草是一种珍贵的中药材，具有补气血、强身健体、抗疲劳、抗衰老等多种功效。很多观众在弹幕上留下自己的问题："哪里产的？""哪个等级的？""怎么区分？""怎么卖？""有没有优惠？""送东西吗？"。

🖥【直播弹幕分析】

1. 对于询问冬虫夏草产地和等级相关问题的观众，其应该对冬虫夏草有一定了解或做过一些功课，主播注意自己对答的专业性，不要露怯。

2.对于询问冬虫夏草价格和优惠的观众，主播可以引导他们到平台的店铺里进行浏览，增加他们的停留时长。

3.对于询问相关礼品和赠品的观众，他们可能已经关注了冬虫夏草一段时间，有购买的打算，正在寻找一次最优的机会。

💬💭【主播互动演练】

主播：家人们，今天我给大家带来了好东西，××（地名）的冬虫夏草！

主播：现在我手中拿的虫草就是××（地名）的特级冬虫夏草，这是一种非常珍贵的中药材，更是有着"软黄金"的美誉！

弹幕 1：听说过，来见识见识。

主播：这款冬虫夏草是青藏高原的纯天然野生品种，没有任何人工培植、添加、染色等干扰因素。

弹幕 2：看着就像我吃不起的样子。

主播：我先给大家看看这个盒子吧，你们看这个虫草的包装多么精美啊！用的都是进口牛皮纸和铝箔袋，防潮防氧化，保证每一根冬虫夏草都是新鲜、干燥、完整的！

弹幕 3：哪里产的？

弹幕 4：什么等级的虫草？

主播：这款冬虫夏草产自××（地名）地区的高海拔地带，那里空气清新，水质纯净，土壤肥沃，是冬虫夏草生长的绝佳环境！

主播：我们家的冬虫夏草有三个等级可选，分别是特级、一级和二级。特级的冬虫夏草长度在 5 厘米以上，肥壮饱满，色泽鲜艳；一级的冬虫夏草长度在 4 到 5 厘米，形态完整，色泽较淡；二级的冬虫夏草长度在 3 到 4 厘米，形态稍差，色泽较沉。

弹幕 5：怎么区分真假？

主播：我们家的冬虫夏草都是经过专业的鉴定和筛选后才能够售出的，每一根都有我们家的标签和证书。我们还提供免费的检测服务，如果你收到货后发现有任何质量问题或者不符合标准，我们都会无条件地给家人们退（换）货！

弹幕 6：怎么卖？

主播：这款特级冬虫夏草，今天直播间特惠价××××元一盒，一盒有 50

根，平均一根才 ××× 元！一级冬虫夏草，今天直播间特惠价 ××× 元一盒，一盒有 60 根，平均一根才 ××× 元！二级冬虫夏草，今天直播间特惠价 ××× 元一盒，一盒有 80 根，平均一根才 ×× 元！

弹幕 7：不便宜啊，送礼品吗？

弹幕 8：有没有优惠啊？

主播：我们这款冬虫夏草本身就是非常值得收藏的礼品。当然了，既然家人都开口问了，主播肯定要给大家送礼物的！

主播：1 号链接是我们家的特级冬虫夏草，2 号链接是我们家在售的专业冬虫夏草泡茶器。大家拍的时候，1 号和 2 号一起拍，今天主播给大家送福利，专业冬虫夏草泡茶器免费送！

助播：到购物车里价格自动会调整，大家不用担心。

弹幕 9：还行，泡茶器还是有用的。

主播：今天在我们直播间下单可以领取满 1000 减 100 的优惠券，多满多减，上不封顶！需要的家人们先进店铺主页领取优惠券哦，用券下单更便宜！

…………

⚠ 【互动误区提醒】

1. 像冬虫夏草这类中药材，不同等级产品之间的直观区别可能不易分辨，主播一定要提前了解它们之间的差异特征，掌握不同等级产品之间的长度、肥度、色泽等数据差别，不能模糊不清，否则极有可能出现直播事故，造成巨大损失。

2. 主播要熟悉不同等级产品对应的优惠规则，不能随意做出优惠承诺。

3. 主播在介绍不同等级中药材的功效时不能不懂装懂，否则很可能被观众拆台。

3.1.15　情景 42：价格介绍

▶ 【直播情景再现】

某食品直播间内主播小粟正在给观众介绍几款腊味产品，很多观众都对其中一款川香风味的腊肠感兴趣。一些观众在弹幕上留下自己的问题："川香风味的还是广式甜口的？""怎么卖？""买得多能不能优惠？"。

💻【直播弹幕分析】

1. 由于南北方腊肠的风味差异较为明显，对于询问腊肠风味的观众，主播要注意将风味特点解释清楚，若直播间内没有则引导他们进店铺主页进行选购。

2. 对于询问价格和优惠的观众，主播可以借此介绍腊肠的选购价格，推动销售。

💬【主播互动演练】

主播：家人们，下面我给大家介绍一款 ××（地名）特产，特级川味腊肠！昨天我就拿回家做菜了，我肯定得先替大家把把关！

主播：我跟家人们讲，毫不夸张地说，这款川味腊肠的味道与肉质，在我吃过的所有腊肠中，都是无可比拟的。

弹幕 1：蒜苔腊肠，蒜苔腊肉，都是最佳搭配。

弹幕 2：川味的，应该不是广式腊肠那种甜口吧？

弹幕 3：之前吃过几次广式的，实在吃不惯那个味。

主播：这款腊肠产自 ××（地名），是蜀腊，不是广腊。不是甜口的，是香辣风味的。

主播：我们家也有广式的腊肠，喜欢吃广式腊肠的家人们可以进入我们的店铺主页选购。

弹幕 4：不会切开之后是淀粉肠吧？

弹幕 5：肉质怎么样，什么肉做的？

主播：我手里这款川味腊肠可以保证绝不添加淀粉，绝不添加色素！选用的都是优质后腿猪肉，而且拒绝使用冷冻肉、边角料、鸡肉等，可以提供权威机构出具的检测报告！

弹幕 6：啥价，怎么卖啊？

主播：精选好肉，抹料腌制，柴火烟熏，风干成型。×××（品牌名）特级川味腊肠，像这种 500 克的包装全国统一价 99 元！

弹幕 7：这么贵啊？

弹幕8：家里人喜欢吃腊肠，我买得多，便宜不？

主播：我的直播间就是为了给家人们谋福利的，肯定要把价格降下来，500克的包装，今天不要99元，包邮价79元！看我们的4号链接，来给家人们上链接！

主播：腊肠要得多的家人们可以先把需要的量加入购物车，然后联系我们的客服调整价格，10包以上可以享受咱们的团购特惠价！在79元的基础上再打9折！

主播：数量不多，家人们抓紧时间，晚了就抢不到了！

弹幕9：已买。

…………

⚠️ 【互动误区提醒】

1. 主播在介绍价格时要循序渐进地引导观众理解价格的优惠幅度，不能一股脑地说出来，否则完全没有效果，不能让观众感受到自己真的得到了实惠。

2. 主播要清楚不同价格的设置条件，不能模糊不清，否则可能出现销售事故。

3.1.16　情景43：购买介绍

▶️ 【直播情景再现】

某水果直播间正在热卖几种热带水果，恰逢直播平台活动期间，购物达到指定金额可以领取多重福利优惠，下单更划算。主播小林一边向观众介绍一批新鲜椰子的产地和品质差异，一边给大家讲解如何获取优惠价格下单购买。公屏上都是关于优惠价格购买的问题，有人问怎么凑最低价，有人问哪里领券，有人问为什么领不到红包，有人问下单价格为什么跟结算得不一样……

🖥️ 【直播弹幕分析】

1. 对于大型的、复杂的促销活动，很多观众可能会一时半会搞不清楚状况，这是因为他们掌握的信息不全面，虽然有购买意愿，但在获取优惠价格上还有些犹豫。

2.很多观众乐于通过完成一系列操作来获取更优惠的下单价格，完成的任务越多，沉没成本越高，购买的意愿更强烈。

💬【主播互动演练】

主播：家人们，椰子现在买是今年最优惠的时候！平台年中庆典活动力度大，优惠多，我们直播间也给到了大家能给的低价格，错过今天可就没机会了！

弹幕1：我不信，年底没有吗？

弹幕2：价格看起来也没便宜啊？

弹幕3：怎么下单便宜？

主播：是真的，这次年中庆典优惠力度很大！各种优惠券、红包，再叠加直播间专属优惠券和粉丝福利红包，多重优惠、双倍红包，组合减免后，最低直接可以××元拿下一箱9个大椰青！

主播：家人们，错过今天真的今年就没有机会了！经常在这个平台购物的家人们应该能够感受到这次活动力度的不同！我自己都已经帮朋友买了十单了！

弹幕4：这次给的券确实比之前大。

弹幕5：怎么搞优惠？在哪领券下单？

弹幕6：红包怎么领？怎么老是领取失败？

主播：家人们，家人们！在平台主页面找到活动会场的入口，然后在活动页面找水果食品类优惠券，找到水果食品类优惠券后选择对应的满减价格，注意不要领错了啊，领错是不能使用的！

主播：领完优惠券返回活动页面，找红包入口，参加领红包活动，领取后往下翻品牌方给的专属红包！

弹幕7：优惠券领到了。

弹幕8：真麻烦。

弹幕9：这次红包不小。

主播：领完平台的满减优惠券、抵扣红包和品牌红包后，再关注主播。没有点关注的家人们点点关注，点完关注可以领取粉丝专属优惠券，还能在交流群中领取粉丝红包！

弹幕 10：搞完了，搞完了，接下来呢？

主播：所有福利都领完的家人们，注意了，还没领完的家人们抓紧时间，抓紧时间！家人们看直播间的 9 号链接，再等 1 分钟，等等还没上车的朋友们啊，待会我直接给大家上链接！

弹幕 11：搞快点，搞快点！

主播：抓紧时间领取优惠券和红包，多重优惠、双倍红包！历史最低价！来，家人们，看我们的 9 号链接，准备好，3、2、1，上链接！

…………

⚠️ 【互动误区提醒】

1. 主播要耐心、细心地为观众服务，给他们讲解下单购买的各类优惠，引导他们完成领取后下单购买，不能不情不愿，更不能不耐烦。

2. 主播要对平台操作和直播销售的程序熟悉，在各种活动开展时要积极了解，不能置身事外，不学习、不进步，在观众询问时面露难色，甚至一问三不知。

▷▷ 3.2 产品演示

3.2.1 情景 44：边吃边演示

📺 【直播情景再现】

某零食产品直播间正在热卖一批某地特产的小米锅巴，主播小迪为彰显锅巴品质、吸引观众购买，直接化身吃播，边吃边介绍着锅巴的各种信息。为了得到更好的直播效果，小迪不仅在吃锅巴，还为每个口味的锅巴准备了介绍词，这些介绍词诙谐幽默，深得观众喜欢。

随着直播间观众越来越多，弹幕上的留言也越来越多，有的观众提醒小迪不要吃太多，有的观众则要求小迪吃更多，有的观众怀疑小迪在通过表演迷惑观众，还有不少观众嚷嚷着让小迪打折……

🖥️【直播弹幕分析】

1. 观众被诙谐幽默的介绍词吸引，说明他们大部分还是比较喜欢轻松愉快的观看体验，主播可发挥特长，提升他们的观看体验。

2. 提醒主播不要吃太多和要求主播吃更多的观众，其在一定程度上是站在对立面的两拨观众，主播要根据自身实际情况来选择"吃多少"，同时做好解释，不要让站在对立面的两拨观众发生矛盾。

3. 希望主播打折的观众已经有一定购买欲望了，主播要根据价格策略来确定折扣力度。

💬【主播互动演练】

主播：欢迎大家来到直播间，我是"锅巴男孩"小迪。今天给大家推荐的是 ××（产地）特产小米锅巴，一共 5 个口味，小迪马上一一给大家介绍！

弹幕 1：你昨天还是"鸭脖男孩"，今天就变啦？

弹幕 2：锅巴也不错，我爱吃！

弹幕 3：快说有哪些口味。

主播：哈哈，主播是"百变怪"，一天一个身份，天天给大家惊喜！

主播：好的，各位朋友，美味的锅巴，味道不用夸，首先给大家介绍一下香辣味的锅巴！

弹幕 4：好好好。

主播：我先给大家尝尝（打开一袋香辣味锅巴试吃）……嗯，各位老铁，这个香辣味的锅巴，我只能说，诱人的香辣，味道顶呱呱！确实很香，这个香来自两处，一个是锅巴本身的小米香，一个就是它调味的辣椒、香料等的香，口感酥脆，入口微辣，锅巴上面还能看见一层薄薄的调味粉，非常好吃！

弹幕 5：不是很辣就好，我不能吃辣。

弹幕 6：快吃花椒味的！

主播：确实不算很辣，不能吃辣的可以大胆购买！我再给大家尝尝这个花椒味的（打开一袋花椒味锅巴试吃）……哇！老铁们，这个花椒味的锅巴，我只能说，微麻的花椒，爽到天上飘！这口感太神奇了，一打开就有很浓的花椒香味，但是刚入口的时候并不是很麻，随着咀嚼麻味才会慢慢出来，还带有一点点的辣味，越吃越上头！同样的，锅巴也很酥脆，这个我目前最喜欢！

弹幕7：真有那么好吃？

弹幕8：发苦不，有些花椒吃多了就发苦。

主播：目前还没有发苦的感觉啊，是越吃越上头的，当然，不管啥口味的都不建议大家一次吃太多哈，零食嘛，大家一定注意适量食用！不然容易伤了肠胃。

弹幕9：主播还挺暖心。

主播：那当然了。好了，再给大家尝尝这个麻辣小龙虾味的，这个是这款锅巴的特色味型哈，我尝尝（打开一袋麻辣小龙虾味锅巴试吃）……嗯！家人们，吃了几口，我只能说，麻辣小龙虾，畅快直接抓！真的有那种小龙虾的香味在里面，口味比较清淡的家人们要注意了，这款不管是麻味还是辣味都有点重，属于一个中麻中辣的口味吧，喜欢吃麻辣味的千万不要错过了！

弹幕10：这个味型好新颖，我喜欢！

弹幕11：就爱吃重口！

弹幕12：完了，我不能吃辣的。

主播：哈哈，别着急，家人们，还有五香味和芝士味的可以选哈，我也一一给大家尝尝！

…………

弹幕13：锅巴多少钱一包？不同口味的都一样的价格吗？

弹幕14：主播少吃点！

弹幕15：我看你还能吃多少，你干脆做吃播吧！

弹幕16：主播打折吗？

弹幕17：有优惠吗？

主播：哈哈，家人们放心，我有分寸哈，同时也提醒各位均衡膳食哦，不要暴饮暴食，锅巴虽然好吃，但是身体健康更重要！

主播：这个锅巴目前单独购买是12元一包哦，另外今天小迪还给大家准备了套餐，那就是"5种口味各一包"，原价60元，本场直播下单立减10元哦！

弹幕18：这个好，我正好都想试一下！

弹幕19：单独购买没有优惠吗？

主播：也是有的哈，家人们，单独购买不限口味，每满10包就送一包随机口味哦！大家不要犹豫了，还是那句话，美味的锅巴，味道不用夸！相信"锅巴男孩"，不要错过精彩！

…………

⚠ 【互动误区提醒】

1. 主播边吃边演示的时候要注意吃东西时的仪态，不要给观众造成邋遢、不卫生的视觉效果。另外，还要注意不能浪费食物，无法吃完的，要向观众解释私下会妥善处理。

2. 主播边吃边演示的时候不要忽略对产品口味进行讲解，观众是无法通过观看获取锅巴的口味信息的，这需要主播对每款锅巴的口味都事先进行了解，想好介绍词。

3. 对于弹幕上不礼貌、不合时宜的弹幕，主播不要过多理会，千万注意不能与观众起争执，要让直播助理根据直播平台的规则进行处理。

3.2.2　情景 45：边比边演示

▶ 【直播情景再现】

某水果直播间正在销售一批黑布林李子，主播小琳正在一边试吃一边给观众介绍这批李子的口感。见直播效果不佳，小琳又在镜头前摆上许多其他品质的李子，将其与黑布林李子进行对比，并介绍之间的区别。

这种对比吸引了更多观众观看，直播间观众逐渐变多，同时也有不少观众对黑布林李子表示好奇："黑布林李子真的更好吃？""甜不甜？""涩味重吗？""比一般的李子更贵还是便宜？""营养价值有没有区别？"。

🖥 【直播弹幕分析】

1. 通过对比后，直播间的观众明显变多，说明对比是观众比较喜欢的一种直播形式，主播可在直播中不断丰富和完善对比的形式与角度。

2. 观众好奇黑布林李子的口感（如甜度、是否有涩味等），说明他们可能没吃过黑布林李子，这是一个营销的好机会，主播要抓住这点来推动他们下单。

3.观众关心黑布林李子的价格和营养价值，说明他们在考虑性价比的问题，主播可在介绍时从价值与价格的关系这个角度出发，体现黑布林李子是物有所值得。

💬【主播互动演练】

主播：观众朋友们，家人宝宝们，欢迎所有的亲朋好友、哥哥姐姐、弟弟妹妹们来到咱们××直播间！看小琳今天给大家带来了什么好东西（镜头特写黑布林李子）！

弹幕1：啥玩意儿啊，黑乎乎的。

弹幕2：哦，原来是黑布林啊。

弹幕3：其实就是李子呗。

主播：是的，家人们，这黑乎乎的果子就是黑布林李子。我国传统读物《千字文》里面就说过："果珍李柰，菜重芥姜。"意思就是说啊，水果里最珍贵的是李子和柰子，蔬菜中最重要的是芥菜和生姜。由此可见，这李子可是宝贝哩！

主播：还有句俗话是这样说的："桃慌李饱杏伤人，梅子树下抬死人。"意思就是，其他水果或多或少还有些缺点，但是李子那是完全可以当饭吃的！当然了，是清洗干净并且成熟的李子哦。还有啊，这句话大家听听就好了，知道其道理即可，可千万不要把李子当饭吃，要注意适量食用！

弹幕4：为啥这个李子是黑的。

弹幕5：不是一般的品种吧？

主播：我给大家对比一下，大家就懂了（拿出黑布林李子和一般李子对比）。有的家人可能不知道哈，这黑布林李子啊，确实不是本土产品，是从美国引进的，而美国人呢，又是从中国李和欧洲李的杂交后代中选育出的这种李子，所以啊，它比一般的李子更好吃，营养价值也更高哦！

主播：大家看，首先就是颜色。咱们一般见到的李子是紫红色、青色、淡黄色等比较浅的颜色，而这个黑布林李子啊，是很深的紫黑色，看起来特别漂亮。

弹幕6：口感呢？

弹幕7：对啊，好吃才是王道！

主播：哈哈，大家还记得刚才主播说过了，这黑布林是美国人从中国李和欧洲李的杂交后代中选育出来的，所以它没有咱们本土李子易裂果、涩味重、不易消化、颜色单调等缺点，它吃起来更加甜，口感相对来说会硬一点。

弹幕 8：不涩就已经很好了。

主播：是的，这个李子完全不涩哦。还有啊，一般的李子熟透后是软的，容易腐烂，不容易保存，但是这个黑布林李子呢，熟了也是偏硬的，不容易腐烂，更加容易保存。

弹幕 9：这个李子营养价值也更高吗？

弹幕 10：黑不溜秋的，不会有毒吧？

主播：家人们真幽默！这怎么会有毒呢。黑布林李子含有大量的果酸，能帮助胃酸的分泌，促进消化。另外，它还含有丰富的糖分、蛋白质、维生素、氨基酸，可以为人体提供大量的能量，使人体力充沛。哦，对了，还有一个，女孩子们听好咯，黑布林李子还含有花青素，这是一种超抗氧化剂，可以清除体内的自由基，促进机体产生胶原质。通俗易懂的解释就是，可以延缓衰老，保持皮肤弹性，美容护肤！

弹幕 11：哇塞！

弹幕 12：那这个李子也更贵吧？

主播：确实比一般的李子稍贵一点哈，不过家人们别担心，今天小琳是带着福利来的！店内所有普通李子，都 8 折销售哦！所有黑布林李子，前 100 名下单的家人都打 8 折！

弹幕 13：那还等什么，我先抢了！

…………

⚠️ 【互动误区提醒】

1. 主播通过对比介绍黑布林李子的时候要客观实际，重点体现李子之间的差异，不可夸大黑布林李子的优点，也不可对其他品种的李子进行不合实际的贬低。

2. 主播对比的时候要注意对比角度的统一性，不能把类似黑布林李子的口感和普通李子的外形进行比较。

3. 对比演示只是一种直播方式，黑布林李子和普通李子都可以是主打产品，因此介绍价格时不可忽视对普通李子价格的介绍，如果普通李子只拿来对比不拿来销售，那么就是对其长时间曝光时间的浪费，这不仅是一种价格对比，也是一种营销策略。

3.2.3 情景46：边切边演示

【直播情景再现】

某水果直播间正在销售一批优质西瓜，主播小琦开播后按照惯例给观众介绍着西瓜的口味、价格等信息，直播间观众来了又走，并没有多少观众长时间停留或者下单。

为改善这种局面，小琦拿出了水果刀，给直播间观众展示了西瓜的几种花式切法，小琦切的西瓜造型独特，特别适合做果盘造型。小琦一边切还一边给观众介绍了一些切西瓜和摆盘的技巧，包括一些模具的使用。这吸引了很多观众观看，并纷纷在弹幕上发言。小琦抓住机会，介绍切西瓜技巧的同时不忘介绍西瓜本身，促成了许多观众下单。

【直播弹幕分析】

1. 主播进行常规直播时，直播间人气惨淡，说明观众已经对同质化严重的直播内容失去兴趣，主播要寻找新的刺激点。

2. 观众对西瓜切法感兴趣，说明他们大部分平时并不会特意地去给西瓜做摆盘造型，或者是他们根本不会这些特殊切法，所以主播在展示切西瓜时要讲解一些切瓜技巧。

3. 直播间弹幕必然还有关注西瓜本身价格、口感等信息的观众，主播也要注意定时对西瓜本身的品质进行介绍。

【主播互动演练】

主播：欢迎大家进入直播间，大西瓜圆又圆，好吃好看香又甜！今天给大家推荐的是产自我国××（产地名）的大西瓜哦！这种西瓜果香浓郁、鲜嫩爽口、香甜水润！

弹幕1：主播好。

弹幕 2：没啥意思，我先溜了。

弹幕 3：西瓜哪里都能买。

主播：欢迎刚来直播间的朋友！西瓜确实太常见了，今天小琦给大家展示几种西瓜的"画师"切法，保证切出来造型独特，别具一格，大家学会了也可以在家试试，保证让你的家人朋友赞不绝口！

弹幕 4：西瓜还要切啊，我直接一个勺子挖着就吃。

主播：生活还是要有点小小仪式感的嘛！好了，首先给大家介绍第一种哦，大家注意看我的手部动作……

（展示第一种花式切法）

主播：大家自己切的时候千万要注意安全哦，不要弄伤自己。好了，大家看，这个切法切出来的西瓜，全部是薄薄的三角形，很适合直接拿来摆盘！

弹幕 5：这个我也会。

弹幕 6：有点普通了。

主播：刚才只是"开胃菜"哈，现在，接下来给大家展示另外一种，这种就难一点了，大家看好，像我这样斜着下刀，然后不要切断……

（展示第二种花式切法）

主播：好了，大家看，这个造型是不是特别好看！而且一点没有浪费！

弹幕 7：666！

弹幕 8：这个真挺好看！

主播：哈哈，好看吧，不过这个切法对西瓜也有要求，那就是西瓜要稍微个头大点，就像小琦今天给大家推荐的这种，个头大，瓜瓤红，最后得到的成品就更好看！

弹幕 9：主播，还有其他切法吗？

弹幕 10：再来一种！

主播：好吧，谁叫我是一个"宠粉"主播呢，再给大家展示一种，不过这种需要一些小道具了，就是这俩，大家发现没，这俩道具其实很简单，就是把勺子和牙签稍微利用了一下。好了，大家看好，再给大家展示一种切法……

（展示第三种花式切法）

弹幕 11：哇塞！

弹幕 12：无敌了，还能这样。

弹幕13：这也太好看了吧！

主播：谢谢大家夸奖哈，其实这个一点不难，大家记住刚才我说的几个要点就好了。

主播：好了，家人们，别光顾着看切西瓜了，光看是看不会的，买点西瓜回去自己练习更有效果！小琦今天给大家介绍的西瓜，新鲜又美味，能润喉来能润肺，美容养颜好宝贝，大家千万别错过了！

弹幕14：对对对，支持小琦，我要买！

弹幕15：西瓜怎么卖的？

主播：小琦今天给大家的价格是 ×× 元一斤哦，这是直播间专享的优惠价格，错过了就没有了！

弹幕16：还挺便宜，我冲了！

主播：大家放心买吧！咱的西瓜美滋滋，大人小孩都爱吃！物美价廉包香甜，不红不甜不要钱！另外，再次提醒大家，练习花式切西瓜的时候一定要注意安全哦！

…………

⚠【互动误区提醒】

1. 主播展示花式切西瓜前要提前做好练习，做到心中有数，不要展示不熟练的切法和不美观的成品，以免影响观众的观看体验。

2. 主播在切西瓜时所使用的各类工具要符合直播平台的要求，不能出现违禁物品。

3. 主播展示花式切西瓜时不要忘了给观众说明切瓜的注意事项，也不能忘了对西瓜本身进行介绍，要把留下来的"观看者"变成"消费者"。

3.2.4　情景47：边做边演示

▶【直播情景再现】

某农产品直播间正在推荐一批优质糯米，主播小月一边给观众介绍着糯米的产地、品质、价格等信息，一边回答着观众的各类问题。为增强互动性，提高直播的观赏性，小月找到端午节吃粽子的话题，一边现场给观众演示着用糯米包粽子，一边不断向观众推荐着直播间的糯米。通过这种"边做边演示"的形式，吸引了不少观众观看。通过观察弹幕，小月发现不少观众不会包粽子，于是她又介绍了一些包粽子的技巧，同时还做起了买糯米送粽叶的活动。

通过小月的努力，直播间热度值不断上升，该场直播的成交量也很可观。

🖥️【直播弹幕分析】

1. 有关糯米的产地、品质、价格等内容的问题是直播间最常见的问题，主播对这些问题的答案要了然于胸，准确地向观众进行说明。

2. 通过观察弹幕，发现不少观众不会包粽子，主播可向其介绍一些简单的包粽子技巧，并同时强调优质糯米对粽子的重要性。

3. 随着直播间热度值上升，弹幕内容必然会越来越繁多和复杂，主播要做好甄别，选择有互动价值的弹幕进行互动，并注意不要被无关弹幕影响心态。

💬【主播互动演练】

主播：欢迎新来的朋友们！欢迎欢迎！刚才已经跟大家介绍这批糯米了，这个糯米甜糯适中，是 ××（产地）地区一年一季的圆粒糯米，外形纤长、颗粒饱满、米香浓郁！

弹幕 1：第一次来，就看到卖糯米。

弹幕 2：糯米好啊，糯米饭好吃！

弹幕 3：不太爱吃。

主播：这位叫"××××"的家人说得对，糯米饭可是一绝，在我们国家南方还有黑饭节呢！"四月八来见绿秧，背着黑饭踏田坎；春风吹开葫芦盖，隔田十亩扑鼻香。"这句话大家听过没有，就是说的每年农历四月初八侗族、苗族人家吃糯米黑饭的习俗。

主播：什么？没听过？不会做？没关系，家人们，端午节总知道吧，端午节要吃粽子，这可是全国统一的，正所谓："端坐窗前思汩江，午夜楚歌祭忠良。吉时且看龙舟赛，祥和米粽尽飘香。"粽子的主要原料可不就是糯米么，正好啊，今天小月还搞了一批粽叶，小月就小露一手，给大家演示下怎么包粽子！

弹幕 4：好好好！我不会包粽子，正好学学！

弹幕 5：端午节确实快到了。

弹幕 6：甜粽子天下第一！（此类弹幕有带节奏之嫌疑）

弹幕 7：咸粽子才是王道。（此类弹幕有带节奏之嫌疑）

主播：好了，家人们，跟小月学会了包粽子，不管是甜的还是咸的，大家都能自己包！（防止带节奏）想吃啥味的包啥味的！大家看好哈（镜头特写），先给大家演示一种最简单的包粽子的方法。

（镜头下演示包粽子……）

弹幕 8：666。

弹幕 9：我家也是这么包的！

弹幕 10：想起了小时候和奶奶一起包粽子……

主播：大家看！已经包好一个了，这种是最常见的粽子包法。欢迎新来的朋友！接下来，再给大家演示另一种，也很常见。

（镜头下演示另一种包法……）

弹幕 11：这个好，这个好看。

弹幕 12：这个好像有点难。

主播：其实不难的，家人们，给大家介绍几个小技巧，首先呢……

弹幕 13：小月说得真好！

弹幕 14：学到了。

主播：家人们，会包粽子了吗？俗话说得好，"巧妇难为无米之炊"，大家既然学会了包粽子，那就多买点糯米吧！米好，粽才好！

弹幕 15：没粽叶啊！

弹幕 16：是啊，小区附近没看到有卖的。

主播：大家别担心，看到小月今天给大家演示时的粽叶没有，这样的粽叶还有很多，大家今天只要下单买糯米的，免费送粽叶！

弹幕 17：哇塞！

弹幕 18：好耶！

主播：另外啊，大家别忘了，买小月的糯米，可不只能包粽子啊。除了之前提到的糯米饭，还有糯米芝麻饼，软糯可口酥脆弹牙；糯米红枣粥，米香悠然，回味悠长；桂花糯米藕，甜糯软绵，香气扑鼻！另外，还有年糕、元宵、糍粑、醪糟等，都是用糯米做的！大家想做啥做啥！

弹幕 19：嘿，小月不说我都忘了，糯米可以做这么多东西。

弹幕 20：糯米有折扣吗?

主播：家人们，今天直播间前 100 名下单买糯米的，免费送粽叶哦！另外，本场直播时间段内小月推荐的优质糯米有 9 折优惠！大家不要错过了！

弹幕 21：就冲着这粽叶，我先下单了！

…………

⚠ 【互动误区提醒】

1. 主播若要演示包粽子，最好提前练习，不要在镜头前出错，显得不专业。

2. 主播不要限制糯米的食用方法，要提醒观众除可用糯米包粽子外，糯米还可以制成很多其他食物。

3. 主播演示包粽子时切勿忘记强调糯米的重要性，不要忘了直播间不是卖粽子，而是卖糯米。

3.2.5 情景 48：边产边演示

▶ 【直播情景再现】

某地特产专卖店的官方直播间已经开播，为给直播间观众呈现真实的产品加工情况，本场直播采取了户外直播的方式，直接安排在该店自家的加工厂进行。由于某款麻辣花生米深受当地人民喜爱，于是主播小玖将这款花生米作为该场直播的主推产品进行介绍。

小玖来到麻辣花生米的加工场地，以加工现场为背景，不断介绍着麻辣花生米的诸多优点，同时不时将镜头对准加工花生米的机器以及工人师傅，展示了干净、整洁、有序、安全的加工环境，这得到了直播间观众的好评。

🖥 【直播弹幕分析】

1. 弹幕上有许多关于花生米价格、口味等常规问题，主播清楚明了地回答这些问题即可。

2.由于是户外直播,直击现场,弹幕上会有许多关于加工工厂环境以及加工工艺的问题,对于加工环境,主播可突出介绍环境的干净、整洁以及安全等;对于加工工艺,主播可介绍大致流程。

3.弹幕上可能还有许多关于花生米质量、包装、运输等方面的问题,主播可在现场拿一些成品进行展示,取得观众的信任。

💬💬【主播互动演练】

主播:欢迎新来的朋友,小玖已经开播有一会儿咯,新来的朋友点点赞点点关注嘛!山不在高,有仙则名。水不在深,有龙则灵。直播间人不在多,有赞就行,千山万水总是情,免费赞赞不要停!

弹幕1:今天怎么换地方了?

弹幕2:这是哪里?

弹幕3:这好像是个工厂吧。

主播:是的,咱们作为一家特产零食店,卖的零食都是咱们本地的特产,而且是自己生产的!今天,小玖就带大家看一下我们自己的加工厂,让大家看到店里零食的生产过程,让大家以后买得放心,吃得安心!

弹幕4:后面那是在生产什么?

弹幕5:看着挺干净的,工人师傅着装也到位。

弹幕6:就是不知道平时是不是也这样。

主播:放心吧,家人们,今天过来直播,没有任何提前安排,你看我这直播位置都是临时的(镜头环绕一周),所以这就是他们平时工作的样子!至于后面生产的呢,就是咱们店里卖得最好的产品——麻辣花生米!

主播:这个麻辣花生米可不简单,花生也是咱们本地种植的,而且经过了严格筛选,每10粒花生中只有1粒有资格成为麻辣花生米!所以啊,平时我才有自信说,不是所有花生都是××麻辣花生米!

弹幕7:666。

弹幕8:第一次来,你们家麻辣花生米很好吃吗?

弹幕9:我也第一次来。

弹幕10:我买过,确实可以。

主播：当然好吃啦！大家看销量就知道了。至于为什么这么好吃嘛，首先是选料！刚才说了，所有花生米都是本地产的优质花生米，颗粒大，口感好。然后就是制作工艺了，麻辣花生米经过咱们研发师傅几百天的研发，从火候到油温、从时间到原料配比，融合了十多种制作工艺，才造就了咱们卖的麻辣花生米酥脆、咸鲜适中的口感！

弹幕 11：这个应该现做得比较好吃吧，做成零食还好吃吗？

弹幕 12：是啊，包装要是不好很容易坏吧。

弹幕 13：保质期有多久？

主播：大家放心，我们在包装上是下了大功夫的，我给大家看看（现场拿起包装好的成品），这是刚从生产线上拿下来的，得益于咱们工厂现代化的生产线流程，再加上我们严格执行国家标准，严控生产环节，咱们家花生米的包装质量这么多年从没出过问题！而且所有的产品都有至少 8 个月的保质期，保质期内不管是口感还是卫生都不会有任何问题！

弹幕 14：看着是不错。

弹幕 15：我看官网上要 ×× 元一包啊，直播间卖 ×× 元？

主播：家人们，既然来到了直播间，那就是朋友，点了关注，那就是家人！今天小玖也给大家准备了福利，只要在本场直播时间段内下单，统统在官网价的基础上打 8 折哦！打完 8 折后，仅 × 元一包！仅需 × 元，就能随时随地享受美味！× 元，就让你的家庭聚会、朋友聚会、宅家游戏、小酌下酒、旅行小食、节日送礼等多一份惊艳！

弹幕 16：不错不错，我先来个 10 包！

弹幕 17：我也要下单！

弹幕 18：冲冲冲！

主播：谢谢家人们！家人们，勤是甘泉水，学似聚宝盆，小玖全勤直播6 个月了，不比智力比努力，不比起点比进步！希望大家给小玖点点关注和刷刷免费小礼物哦！

…………

⚠ 【互动误区提醒】

1. 主播展示麻辣花生米制作现场时还是要有一定的提前安排，选择的地点不能太过靠近现场，至少不能长时间近距离接触生产设备和人员，一来是避免影响正常生产工作，二来是避免泄露商业机密，最后是防止出现无法预料的各种突发情况。

2. 关于生产场地的具体情况以及花生米的生产工艺，主播可大致介绍，千万不能和盘托出，要有保密意识。

3. 主播注意不要只顾展示现场而忽略介绍麻辣花生米本身，在直播间里语言才是最主要的沟通形式，切忌舍本逐末。

3.2.6 情景 49：边采边演示

【直播情景再现】

　　某水果直播间正在销售优质草莓，主播小田直接在自家草莓园里开播，向观众展示采摘和打包草莓的真实场景。小田家的草莓园占地面积较大，镜头下的草莓园非常壮观，这引得直播间观众纷纷赞叹，赞叹的同时，他们也对草莓的口味、价格、卫生等情况进行了询问，小田一一进行了回答。还有观众表示，看小田一颗颗地采摘草莓，过程非常解压，但由于无法确定草莓的口味，所以无法果断下单。

【直播弹幕分析】

　　1. 观众被草莓园的景象吸引，说明这是他们不常见到的景象，主播可据此切换不同角度去展示草莓园。

　　2. 观众只觉得观看采摘草莓解压，但对下单却很犹豫，说明他们对草莓的品质还是不放心，主播要采取手段获取他们的信任。

　　3. 观众好奇草莓的口味、价格、卫生等情况，是正常现象，主播要介绍清楚相关信息。

【主播互动演练】

　　主播：欢迎大家进入直播间，大家看，我身后就是我家的草莓园了，接下来，大家就跟着我一起去采摘草莓吧！

　　弹幕 1：哇！好大的草莓园！

　　弹幕 2：太夸张了。

　　弹幕 3：主播带带我，好羡慕！

　　主播：哈哈，其实也不光是主播一个人的，是很多伙伴一起经营的哈。看来大家都很喜欢吃草莓了，我也是，人家都说草莓是"碧草丛中一点红，色飞汁液美无穷"，我觉得这句话一点毛病没有！

　　弹幕 4：没有人不爱草莓吧。

　　弹幕 5：就是，没有人能拒绝草莓！

　　主播：欢迎新进来的朋友！好的，大家看到我手里这个篮子没有，我先摘一篮再说。大家看（一边采摘一边给镜头），这个草莓果型真的很硕大，我再帮大家尝一个，哇！汁水好足，而且口味好丰富，不仅甜，还有一点点自然的酸味，酸酸甜甜，自然清新！

　　弹幕 6：可以直接吃？

　　弹幕 7：这卫生吗？

　　主播：大家放心好了，草莓和其他水果不一样哈，草莓结果周期很短，病虫害也少，而且你们看咱这其实是大棚里面的，是不需要打农药的，若打了农药的话，还会影响草莓的坐果率哦！大家看，咱们的大棚管理得特别干净，草莓的根部都是用塑料薄膜包裹起来的，成熟的草莓相当于生长在干净无菌的塑料膜上，是非常干净的，所以啊，像这样有保障的新鲜草莓是可以直接吃的哦！

　　弹幕 8：原来如此。

　　弹幕 9：确实是这样的，我们去草莓园摘草莓都是直接吃。

　　弹幕 10：看主播一颗颗采摘草莓好解压啊！

　　弹幕 11：哈哈，确实，这草莓看着不错，就是不知道味道到底咋样？

　　主播：大家放心好了，大家看那边（摄像头切远景），那些都是买票进来摘草莓的人，很多是吧，咱家的草莓园可出名了，味道绝对有保障！而且啊，说实话，草莓这种"神仙水果"，我就没见过难吃的！

　　弹幕 12：确实，草莓很难不好吃。

　　弹幕 13：这草莓咋卖啊，运输过来还新鲜不？

　　主播：大家放心好了，咱们发货和运输都是和国内顶级物流公司合作的，包装也特别仔细，而且草莓这种水果采摘后还可以保存三到五天，完全不用担心收到的货是不新鲜的。大家买回去了，一下子吃不完的，也可以放在冰箱里冷藏。

主播：主播家的草莓价格比市面上的是要贵一点哈，目前是××元一斤，贵有贵的道理，咱们草莓的品质、口感、包装、运输，那都是顶级的，大家买了绝对不吃亏。大家可以看看销量，水果区前五！就是这么自信！

弹幕14：我先来5斤！

弹幕15：我上次买的吃完了，我再来点！

主播：谢谢大家支持，点8号链接哈，不要点错了！新来的朋友们，关注主播，酸甜好营养，你我共分享！

…………

⚠ 【互动误区提醒】

1. 主播采摘草莓时要小心采摘，不要出现损坏、浪费等情况，影响观看。

2. 由于直接在草莓园开播，因此主播要注意规避噪声，保持镜头干净整洁，肢体动作和语言之间的衔接要顺畅、自然，给观众呈现良好的直播效果。

3. 主播介绍草莓时引用一些诗词、谚语、俗语时要做到衔接自然，且内容贴切，不要选择晦涩难懂、言之无物的语句。

3.2.7 情景50：边品边演示

【直播情景再现】

某农产品直播间正在热卖一批花果茶，主播小青给观众展示了花果茶的几种包装，还简单介绍了几种不同的口味。直播间的各类问题，小青也都一一耐心回复。为增强说服力，让观众更加清楚花果茶的特点，也为了带出一些泡茶和饮茶的话题，小青将几种口味的花果茶各泡了一杯，一一进行品尝，然后对每种口味的花果茶进行了更加详细地介绍。

通过观察弹幕，小青发现直播间观众对于花果茶的制作工艺、泡茶方式、茶水口感、储存方式等很感兴趣。当然，观众最为关心的还是花果茶的价格。

🖥️【直播弹幕分析】

　　1. 弹幕上关于花果茶价格、口感、包装等方面的问题都属于常规问题，主播回答清楚即可。

　　2. 关于花果茶制作工艺方面的问题，主播可大致说明，但要把握尺度。

　　3. 关于泡茶方式、茶水口感、储存方式等方面的问题，主播可进行重点说明，最好边现场演示边回答观众的问题。

💬【主播互动演练】

　　主播：欢迎大家来到小青的直播间，谢谢大家的关注和小礼物，谢谢大家。

　　主播：家人们，接着说这个花果茶，这个花果茶一共有 6 种口味哦，分别是金桔柠檬百香果茶、蜜桃乌龙茶、青提乌龙茶、金银花茶、菊花茶以及枸杞茶，都是小袋子加罐装的包装形式，自己喝或者送家人、朋友都很合适哦！

　　弹幕 1：这么多口味，说了我也不知道到底啥味道？

　　弹幕 2：和传统茶叶比起来，这茶真的好喝吗？

　　弹幕 3：这喝多了不会出问题吧？

　　主播：家人们放心哈，这个和普通茶叶其实是一样的，就是原料不同罢了，不会对身体有害的。当然了，我是指正常喝啊，您要是过量了，白开水都有问题不是。

　　弹幕 4：主播还挺幽默。

　　弹幕 5：这个其实更像饮料吧？

　　弹幕 6：茶可不就是饮料……

　　主播：哈哈，家人们说话也很有趣哈，这样好了，俗话说得好：好事不怕细论，好茶不怕细品！小青我现在就一种口味泡一杯，待会帮大家品一品！

　　弹幕 7：可以，我也想看看。

　　弹幕 8：我要看看颜色。

　　主播：好了，打开包装后就会看到这种小袋子了，里面就是花果茶的"茶叶"了，现在我给大家演示一下。

　　（演示泡茶）

主播：哇，刚把水倒进去，就已经闻到一股香味了，我现在泡的是菊花茶，菊花的香味不是很浓，是那种淡淡的清香，不刺鼻，很好闻。

（把所有口味的茶泡完）

主播：好了，所有品味的茶都泡好了，待会再给大家品尝哈。大家没点关注的点点关注哦，成为直播间老粉，定期会有惊喜福利的。另外，免费的小礼物也帮小青刷一刷嘛，关注走一走，主播爱你到永久！赞赞点一点，开心快乐到永远！

弹幕9：冲你这句话，我先点个关注。

弹幕10：点关注又不要钱，点就点！

主播：谢谢大家哈，好了，现在我开始品茶啦！先品这个金银花茶吧。大家知道吗，品茶也有讲究，今天就不搞那么复杂了，就简单三步，分别是观茶、闻香和品茶。这第一步就是观茶，大家看，金银花茶的颜色是这种淡淡的绿色的，略微有一点黄，这种就是正常的颜色了，很纯粹，也很漂亮，不管大家在哪里买的茶，要是发现颜色不对的话，大家可要警惕了，建议第一时间咨询客服哦。

弹幕11：讲究。

弹幕12：确实，颜色就能看出好多东西了。

弹幕13：这颜色确实好看。

主播：还没完呢，大家再看杯子，主播特意在泡金银花茶的时候选了透明的茶杯，为什么呢？那就是因为金银花茶的茶胚本来就有艺术欣赏价值，大家看，茶在水中上下沉浮，茶叶徐徐展开，复原叶形，这个过程也是观茶的一部分哦。

弹幕14：好看好看。

主播：接着就是闻香了，闻一闻，金银花香不算浓郁，其实这种才是正常的，因为太过浓郁的话，可能是加了什么化学物质，正常花香就是这种淡淡的，但是闻了让人很安心，很放松。

主播：最后才是品茶，我喝一口，嗯，这个茶的味道是有点独特，甜甜的，但是有一点点苦味，其实这个叫作甘苦。教大家一个品金银花茶的小技巧，大家要在茶汤稍凉时小饮一口，让茶水在口中稍作停留，然后再咽下，如此重复一到两次，大家就可以充分体会到优质的金银花茶的真香实味了。

弹幕15：666，还能这样。

弹幕16：我也想试试了。

主播：哈哈，想试试就在小青这里下单好了！给大家总结一下金银花茶哈，总的来说呢，由于小青给大家推荐的是比较优质的金银花茶，所以这个茶外形紧细匀直，香气清纯隽永，茶汤淡黄晶莹，滋味甘醇鲜美，非常推荐大家购买，不要错过了！

弹幕 17：还有好几种口味呢！快尝尝！

弹幕 18：我不等了，我就买金银花的！

主播：哈哈，大家别急哈，想买金银花茶的话，随时可以下单哦。接下来再给大家品茶菊花茶，大家多多支持哦！毕竟人间自有真情在，点个关注也是爱嘛！

（主播继续品茶和介绍相关口味的花果茶）

…………

⚠ 【互动误区提醒】

1. 主播在泡茶和品茶时要注意仪态，最好显得专业，至少要干净利落，千万不能磕磕巴巴，错误百出，影响观众观看体验。

2. 主播介绍花果茶的口感时要在结合实际的情况下优化语言，千万不能脱离实际，胡编乱造，破坏直播间和品牌形象。

3. 主播介绍花果茶时不要轻易将其与传统茶叶作对比，也不要轻易将其与同类竞品进行对比，尤其是要注意不能通过贬低、抹黑传统茶叶或者同类竞品来彰显直播间介绍的花果茶的优势。

3.2.8　情景 51：边测边演示

▶ 【直播情景再现】

某农产品直播间正在推荐一批新鲜上市的番茄，主播小红把直播间设在了自家番茄的包装工作间里，直观地将番茄从搬运到包装的过程展示给观众看。在展示的同时，小红一边给观众介绍着番茄的品种、产地、口感等信息，一边回答着观众的各类问题。直播间不少观众除关心番茄的品种、产地、口感等常规信息外，还特别关心番茄的农药残留问题。为增加信任感，提高直播的转化率，小红准备用一台农药残留检测仪当场测验番茄的农药残留率给观众看。

通过这种"边测边演示"的直播方式，小红赢得了直播间观众的信任，直播间热度值不断上升，该场直播的成交量也很可观。

💻【直播弹幕分析】

1. 观众关注农药残留问题，是因为这对于蔬菜类农产品来说十分重要，事关食品安全，主播要通过现场检测或出示相关资格证明等方式取得观众信任。

2. 观众关心的番茄品种、产地、口感等问题都属于常规问题，主播按流程介绍清楚即可。

3. 主播进行现场测试时，弹幕上必然有许多对测试设备、方法等质疑的观众，主播要提前做好准备，最好从专业角度做出解释。

💬【主播互动演练】

主播：欢迎新来的朋友！欢迎欢迎！小红今天给大家带来了一批新鲜上市的番茄！这个番茄可不是市面上随便能买到的哦！这是咱们本地特有的××（品种）番茄，是由咱们店自己合作的种植园种植的！

弹幕1：第一次来，你们家番茄好吃吗？

弹幕2：这个品种我没听说过。

弹幕3：这个番茄看着挺大挺红的。

主播：这位叫"××××"的家人说得对，这个番茄看着就很诱人吧！俗话说番茄都是"绿叶之下小红脸，喜在眼里心里甜"。咱家的番茄颜色红亮诱人，味道酸甜适中，皮薄肉厚，肉质细腻，大家千万别错过！

弹幕4：看着是不错，比一般番茄俊。

弹幕5：就是不知道味道咋样？

弹幕6：自己种的？这番茄打农药了吧？能吃得安心吗？

主播：家人们放心吧，咱们合作的种植园在当地很有名，大家不信的话可以去网上查查，我们坚持"科技培育蔬果，专注提高品质"，种植的农产品销往全国各地，质量绝对有保障！

主播：另外，关于农药残留问题，口说无凭，今天小红就给大家上个"狠活儿"，我待会就去隔壁操作间用专业仪器给大家测一测！

弹幕 7：原来农药残留还可以测试的？

弹幕 8：我也不知道。

弹幕 9：我知道，有专门仪器的。

（移动镜头至操作间）

主播：大家看好了，我身边就是一台专业的农药残留检测仪，一般我们简称"农残仪"，这台农残仪的品牌是"×××"，是这个领域的头部品牌，大家可以自行去网上查验，现在我就拿咱们库房里打包好准备发出的番茄随机给大家检测一下！

弹幕 10：看着好高大上！

弹幕 11：我也看不懂啊，怎么样才算达标呢？

主播：小红在这边给大家介绍一下哦，农药残留检测里有一个专业术语叫作检验抑制率，具体原理我就不和大家解释了，大家感兴趣的可以去网上查，另外国家也是有相关标准的，只要抑制率在 ×% 以内，就可以认定是无污染的农产品了，已经达到可以放心出口的标准。好了，现在我请专业的工作人员操作一下！

（现场工作人员演示用农残仪检测番茄农药残留情况）

主播：家人们，结果已经出来了，这台农残仪是自动出报告的，大家可以看到（镜头特写检测结果），检测出来的抑制率是 ×%，远不到超标标准，所以我们家的番茄绝对不存在农药残留问题，大家买回去正常清洗后就可以安心食用了！

弹幕 12：我怎么知道你发货的和你检测的是一个质量呢？

弹幕 13：就是啊，感觉随便一个环节都可以造假。

弹幕 14：你这检验的样品说不定就有问题！是精心挑选的！

主播：各位家人，这样说小红可就委屈了，所谓"欲加之罪，何患无辞"，大家试都没有试过就这样怀疑小红，小红可要伤心了。小红没有别的办法，只能跟大家保证，不管是我们的直播间还是合作的种植园都是合法合规运营的，不存在以次充好或者欺瞒观众的行为，大家可以对我说的话进行录屏录音，今天我说的，大家只要在我的直播间买到农药残留不符合标准的产品，我们直接 3 倍赔偿！

弹幕 15：小红别激动，我之前在你这买过不少东西，我相信你！

弹幕 16：我也是，检测结果就在那里，还是很有说服力的。

主播：这样吧，为了增加说服力，我再检测几次，这次大家来指定我检测哪个样品怎么样？我把仓库里的产品编号规则告诉大家，大家直接发在弹幕上。我到时候随机截图选择检测哪个！

弹幕 17：这办法不错。

弹幕 18：编号规则是什么？

主播：家人们，就是为了防止咱们的产品有质量问题，所以我们所有产品都有编号，不同仓库命名规则不一样，这里的仓库全部是 10 个番茄一袋的包装，编号除了有打包当天的具体时间外，外包装全部用大写英文字母做标记！里面的番茄也全部贴了标签，用数字 1~10 做标记！所以大家只需要在弹幕上打出 A3、B5、C10 之类的编号就行！来，大家把想测的编号发到弹幕上！

弹幕 19：A5！

弹幕 20：B6！

弹幕 21：E8！

…………

主播：好了，家人们，已经够多了，我现在截图一下……好，那就选 B6 和 E8 作为检测样品吧！

（继续演示农药残留检测）

…………

⚠️ 【互动误区提醒】

1.演示检测番茄农药残留时要注意选择专业的仪器，主播最好请专业人士进行操作，确保仪器的准确性和稳定性，避免出现测量结果出错的情况，降低观众对直播间的信任度。

2.当直播间出现观众质疑的声音后，主播不要顶撞他们，要注意言辞，切不可与他们斗嘴，要做出行动，用事实说话。

3.主播千万不要在农药残留检测的过程中和结果上做手脚，做出欺骗观众的行为，这种行为一旦被曝光，会严重影响直播间的声誉，甚至还可能会承担法律责任。

▷▷ 3.3 产品介绍经典语句

3.3.1 描述类经典语句

📖 【经典语句 1】

大家都知道，湖北的山，湖北的水，湖北的热干面有一点儿烫嘴。本店是湖北武汉老字号，鸭脖鸭翅鸭架子，辣的麻的过哈瘾。

📖 【经典语句 2】

××零食好吃又不贵，原汁原味原生态，健康美味常香伴，不看价格不知道，一看价格吓一跳，价格划算让你笑。

📖 【经典语句 3】

原野魅力长白山，健康绿色土特产！

3.3.2 比喻类经典语句

📖 【经典语句 1】

人生如酒，每一滴都是浪漫醉人；酒如人生，每一天都是经典醇香。

📖 【经典语句 2】

入口轻柔一线喉，滴滴小雨润心头。

📖 【经典语句 3】

牛奶香浓，丝般感受。××，就是这么丝滑。

3.3.3 演示类经典语句

📖【经典语句1】

此物只应天上有，人间难得几回寻。若问此物何处好，待看主播为君揭！

📖【经典语句2】

来来来，你见过孙悟空打妖怪，见过猪八戒谈恋爱，你没见过我们××牌绿茶温润清香，贵在原生态，泡出健康来！

📖【经典语句3】

众里寻他千百度，农家特产靠得住。味好蜜浓，香甜好滋味。

▷▷ 3.4 产品介绍句式模板

3.4.1 FABE 句式

1.这批____（水果名）因为富含/具有____（特点），从而有____（功能），对家人们有____（好处），不信您看这份官方机构出具的____报告/证明/说明（证据）。

2.我们的____（土特产名）在制作过程中使用了____工艺（特点），这种工艺巧妙之处在于让成品具有____（功能），您在享用的过程中会体会到____（好处），评论区有老客户反馈的照片/视频（证据），大家可以去参考参考。

3.这批新一代____（蔬菜/水果名）在种植技术上进行了升级，使得所有____（蔬菜/水果名）相较老一代更具____（特点），另外，得益于技术上的升级，所有的新一代____（蔬菜/水果名）都具有____（功能），长期食用有____的效果（好处）。我已经连续吃了几个月了，现在____（生理上的小问题）

次数越来越少了（证据）。

3.4.2　AIDA 句式

1.家人们，看我左手边（吸引注意）的这份____（土特产名），这是一份普通的____（土特产名），大家都经常吃，但是相信所有人吃的时候会遇到____（常见问题），很难让人酣畅淋漓（引起兴趣）。但是，今天____（主播昵称）可以帮助大家解决这个问题（激发欲望），大家看我右手边，是专门对____（常见问题）优化处理过的，升级了包装方式，不论是打开还是储存都非常方便，这样大家吃起来就不会再遇到____（常见问题）了。这是直播间推出的新品，限时____（时间）分钟打____（折扣力度）折，机不可失时不再来，大家千万别错过了（促进行动）。

2.昨天我哥哥和我说他在吃____（粉面类食物）的时候，一不小心就把____（粉面类食物）煮烂了，跟我抱怨买到了假货，____（粉面类食物）一点都不耐煮，根本谈不上筋道（吸引注意）。相信有很多家人都喜欢晚上吃个宵夜（引起兴趣），宵夜的时候吃个____（粉面类食物）又简单又方便，但是要是____（粉面类食物）质量不好，相信大家吃得也不爽，哪怕是顿宵夜，咱总不能亏待自己，对不对（激发欲望）？所以啊，今天____（主播昵称）给大家带来了____（产品名称），方便快捷，水开煮三分钟就得了，所有调味料都是精心配制，不花您多余的心思！最关键的是，这个____（产品名称）虽然是速食产品，但煮出来的成品却非常筋道 Q 弹，完全不逊于手擀面（激发欲望）！家人们，直播间现在做活动，只需要____元（产品价格）就可以带走哦，还在等什么（促进行动）？

3.直播间的宝宝们，我今天给大家带来的是一款____（零嘴类食品），对没错，就是网上很火的那个（吸引注意）____（零嘴类食品名）。我现在就拆开包装给大家看看，等会儿直接在直播间给大家试吃一下（引起兴趣）。大家看，首先包装就很别致，外包装简约大气，里面是真空包装，这包装一看就用了很多心思！拆开看，哇！果然是内容满满，这香味简直是直击天灵盖！（激发欲望）！我再尝尝，哇，麻麻辣辣的，还略带回甜，不管是当零食还是拌面啥的，都是一绝（激发欲望）！不行了家人们，我一定要推荐给你们尝尝，就冲这个____（零嘴类食品名）这么好吃，今天我直接给大家打____折（折扣力度），大家赶紧冲起来（促进行动）！

3.4.3　NFABI 句式

1. 我相信没有人能拒绝____（水果名）这种水果（需求），所以啊，____（主播昵称）今天给大家推荐了一批优质____（水果名）。相信大家都知道，____（水果名）是出了名的____（特点），相比其他水果啊，富含更多的维生素 C（优势），有利于帮助大家改善____（人体小毛病）情况（利益），让您身体越来越好，烦恼越来越少（冲击）！

2. 每个人都需要好好吃饭（需求），但有时候确实没有时间或者条件准备可口的菜肴，这个时候就需要____（产品品牌）拌饭酱出手啦！这款拌饭酱既可以用来炒热菜，也可以直接拿来拌饭拌面（特点），不管哪种吃法都很美味！相比一般的拌饭酱，这款分量更足，吃得更久（优势）！哪怕您没有时间做出一桌好菜，凭这款拌饭酱应个急什么的也能美美地吃上一顿（利益）！这款拌饭酱麻辣鲜香，特别开胃，相信我，只要一口，就让您完全停不下来（冲击）！

3. 家人们，夏天这么热，光喝水解渴总觉得不过瘾啊，还是得吃点水果（需求），所以____（主播昵称）今天给大家推荐的是优质____瓜（西瓜品种），其皮薄肉厚、鲜脆多汁（特点）。相比一般的西瓜，____瓜（西瓜品种）水分更足、汁水更甜（优势），用来解渴简直是一绝（利益）！夏天还是得"空调 Wi-Fi 冰西瓜"你们说对不对（冲击）！

第 4 章

提问怎么答

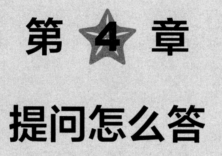

▷▷ 4.1 产品问题

4.1.1 产量问题

问：现在的产量是多少？产量大吗？

答：为了保证咱们水果的质量，我们会限制每一棵果树的产量，以确保每个水果都可以得到足够的营养，充分生长，咱们现在的产量不是很大，每一个果子都是精品中的精品哟！

问：供应是否充足？

答：目前只有三号链接还有五十单库存了，其他都已经卖完了，您想买回去尝尝可以拍三号链接，下一批水果的供应要等七天后了哟！

问：是应季水果吗？气候是不是影响产量和甜度？

答：对的，是应季水果，光照足、雨水多，昼夜温差大，咱们家的果子就会产量高、甜度糖分也高，爱吃甜口的可以马上下单哟！

问：价格这么贵，是因为产量少吗？

答：谢谢家人的提问，您去线下水果超市看一看，对比一下就知道咱们家的果子一点也不贵的哟！不过咱们为了保证每一个果子的品质和口感，产量也不是很多，想要的抓紧时间，最后几单了！

问：哪里生产的？有没有资质？

答：咱们这个是产自××（地名）的水果，原产地直接发货，我们家是地区协会的会员，有地区授权的商标，这个是证明材料，大家可以仔细看一下哟！

4.1.2 品质问题

问：品质好不好？

答：买苹果你们认准××（地名）产的，绝对美味正宗，它是享誉全国的优质苹果！

问：能保鲜几天？

答：咱们的水果48小时以内都会发出，你们拿到后放到阴凉地儿能放个十天半个月都不是问题，保鲜杠杠的！

问：孕妇能不能吃？小孩子能不能吃？

答：来看一下我们的检测报告和原材料明细表，里边只有牛奶、鸡蛋、精细面粉、水等，没有任何的添加剂、防腐剂，一家子男女老少、大人小孩孕妇宝妈放心大胆吃，没有任何问题！

问：运过来会不会路上就坏了？

答：不会的，给家人们看一下包装，每一个盒子里边都有防摔泡沫，每一颗果子都用泡沫网装得好好的，加上仓库发货前都会再三检查，就是为了保证给你们完完整整送货到家哟！

问：不甜包退吗？

答：脆甜多汁，清甜可口，不甜包退，每一箱都给你们免费试吃一颗果子的机会好不好！不好吃或不脆甜，你们直接退给我！

4.1.3 安全问题

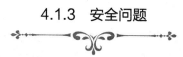

问：会不会打蜡？有没有防腐剂？

答：亲们，每一颗果子都新鲜安全，从不上色、打蜡，不泡保鲜剂和防腐剂，大家放心下单放心冲！

问：有没有甜味剂、色素、添加剂？

答：××宝子，你说的什么甜味剂、色素、添加剂通通都没有的，咱们的果子就是该酸就酸，该甜就甜，都是最健康最原生态的味道！

问：是不是催熟的？

答：我们的果子全部承诺不打药催熟，大家买回家放心吃，卖的就是口碑，卖的就是回头客！

问：有没有农药？怎么清洗残留的农药？

答：再次承诺，我们的每一棵果树都不打农药不用激素，果子到货之后大家可以用清水洗净，去皮食用噢！

问：反季节水果能放心吃吗？

答：大家可以仔细看一下咱们这个种植场地的情况，主要是模拟水果应季的生长环境，不存在科技与"狠活儿"，反季节水果也可以吃得放心！

4.1.4　食用问题

问：能不能空腹吃？空腹吃会不会有问题？

答：亲们，一般水果其实空腹吃没啥问题的，如果您或者家人有胃疾，或者肠胃经常不舒服，建议不要空腹吃咱们这个山楂，否则可能会加重胃部不适。

问：这个买回去要怎么吃？需要放盐水里吗？

答：××宝子，咱们这个是凤梨，凤梨和菠萝不一样哟，凤梨可以直接去皮食用，不用担心酸涩，不用放盐水的！

问：可以加热吃吗？

答：可以的，咱们这个梨加热之后有驱寒气、去燥润肺、生津止渴的效果，对人体非常有好处的！

问：吃太多会不会上火？

答：家人们，咱们这个西柚属于中性水果，不容易上火的哈，但是温馨提示下，不管是吃什么都要注意适度适量饮食，对身体会更好些哟！

问：带皮吃还是怎么吃比较好？

答：家人们，咱们这个属于××（地名）产的蒲桃，可能很多人没有见过，咱们这个可以直接带皮吃，香甜可口，营养价值也很高的哟！

4.1.5　生产问题

问：哪里生产的？

答：××（地名）生产的，咱们的 ×× 酥饼可是地地道道的 ××（地名）特产，保证让你吃了忘不了！

问：是无菌生产吗？

答：是的，大家可以看一下咱们这个车间的实景，每一个进入车间的工人都是做了消杀消毒处理，车间环境也是无菌封闭的！

问：生产规模多大？

答：大家跟随主播的镜头可以看下咱们的生产车间情况哟，小面包都是在这样的无菌车间生产的，可以看下咱们的规模，环境卫生都是有保障的。

问：有专业工厂吗？

答：家人们放心，咱们这个是正规、专业工厂生产，不是什么小作坊，食品安全是第一位的。

问：什么时候生产的？

答：所有肉干都是本月生产，新鲜发货，绝对不存在过期、变质、不新鲜的情况！

4.1.6　原料问题

问：有添加剂吗？

答：大家可以看下咱们包装上的配料表没有防腐剂、添加剂，咱们不整这些虚的！

问：牛肉干的原料是从哪里来的？

答：咱们的肉干原料都是正宗牦牛牛肉，××（地名）养殖，原料让您放心！

问：原料健康吗？

答：这个面包原料只有水、牛奶、小麦粉、鸡蛋、食用盐，原料非常健康噢！

问：含有真的牛肉吗？会不会是合成肉？

答：咱们这个肉干是用真材实料的牛肉制作的，不存在以次充好或者合成肉的情况，我们承诺假一罚十！

问：油是转基因的吗？

答：油的原料都是可看见的，油绝对不是转基因的哟！

4.1.7　保质问题

问：是现摘现发吗？新不新鲜？

答：大家可以仔细看下主播手里的这个橙子非常新鲜，主播承诺每一箱都是现摘现发，高品质甜橙，大家赶紧抢！

问：保质期多久？

答：保质期15天，面包都是新鲜出炉的，没有任何添加剂、防腐剂，不能放很久哟！

问：不新鲜能不能退货？

答：××宝宝，这一箱里面但凡有一个不新鲜的，你都可以给主播退回来！

问：食品质量有保障吗？会不会吃了拉肚子？

答：可以看下咱们这个国家食品检测中心出具的权威证明，保障食品质量安全！

问：出现质量问题怎么办？

答：家人们，售后客服24小时在线响应，如果有任何质量问题，客服第一时间给您处理！

4.1.8　检测问题

问：有权威检测吗？

答：主播现在手上拿的这个，是国家权威检验检测机构发放的资质认定证书，咱们的食品都是在国家监管下安全、健康生产的！

问：检测会不会是造假的？

答：仔细看下咱们这个证书编号和公章证明，大家可以去国家官网核实哟！

问：检测的和我们吃的是一个产品吗？

答：是的，咱们的产品会不断被相关机构抽检，出现任何问题都是会被处罚的，主播不敢拿这种事情开玩笑！

问：什么时候检测的？

答：咱们这个是年初刚检测的，大家可以看下这个证书的颁发日期，咱们都会定期按时更新检测结果的。

问：你们这个检测的有效期都快到了啊！

答：我看到有细心的家人们提醒咱们直播间的这个检测报告证书时间已经快到有效期了，对，咱们这个马上会更新检测结果和报告哟，由于检测的程序比较复杂，已经加急处理咯！

4.1.9　方便问题

问：方不方便携带？

答：可以看下咱们这个包装都是做了严密的储存设计，这个酒绝对不会洒出来，你要是想走亲访友串门送礼，拿着这个完全没问题，方便携带，还好看！

问：怎么清洗？方便清洗吗？

答：咱们杨梅到货后，您可以用小苏打兑水后，将杨梅放到里面泡 5 分钟，或者将杨梅放到盐水中浸泡 5 分钟也是可以的，处理起来非常方便。

问：方不方便运输？

答：××宝宝你好，咱们水果都是现货直发过去的，您这边是想要运输到什么地方呢？

4.1.10　卫生问题

问：会不会有化肥、农药残留啊？

答：咱们是人工种植，没有使用化肥、农药等，只用有机肥进行绿色种植。

问：猕猴桃里有没有虫子？

答：猕猴桃都是现采现发，每一个都是精挑细选的哟，不会有虫子的，如果到货后有问题，欢迎大家私聊咱们的售后客服解决哟！

问：运输过程中会不会受污染？

答：仔细看下主播手上的这个包装盒，密封性非常好，不会受外界的影响，运输过程中不会受到污染哟！

问：采摘的时候有没有卫生问题，会不会不干净啊？

答：家人们放心，咱们采摘的时候都是戴手套和口罩的，卫生方面咱们家是很注意的哟！

问：到货了会不会就腐烂了？

答：××宝宝，您这边是哪个城市呢？正常咱们3~5天就能到货，收货后放到家里阴凉处一周都不会腐烂的哟！

4.1.11　价格问题

问：买完降价怎么办？

答：家人们，咱们承诺全年保价哟，全年价格都是稳定的，如果说您下单没有用优惠券，发现价格有下降的您可以私聊客服退差价，咱们家一定让您满意！

问：为什么会这么贵？

答：因为品质好，原材料用的都是高品质、绿色健康的进口牛奶、面粉等，如果说品牌单纯为了追求利润，完全可以通过降低成本达到快销的目的，咱们家坚决不会这么干！

问：领券了为什么用不了，付款还是原价啊？

答：还有多少宝宝发现下单价格和主播说的价格不一致的，弹幕扣1！主播现在教大家怎么领券怎么付款！

问：为什么我这里下单变贵了？还要12块生鲜费？

答：××宝宝，你是什么地区下单的呀，咱们这个全国大部分城市都是包运费的，如果您填写的地址属于偏远地区，可能会有生鲜运费，你可以私聊客服帮您查询下哟！

问：为什么比线下门店便宜这么多？

答：因为咱们这个是果园农场直销哟，没有线下的那些租金、物流等成本！

4.1.12 物流问题

问：能不能指定快递？

答：咱们家默认发 ×× 和 ××，可以备注这两家中的一家哟，其他快递咱们暂时没有合作哟！

问：能不能送货上门？

答：咱们可以送货上门的哟，如果您家楼下有驿站代收，您可以跟驿站沟通下呢！

问：×× 号之前能不能到？

答：家人们，咱们都是 48 小时内发货，着急要货的现在抓紧下单，×× 号前咱们不能保证哈，但是咱们可以保证给家人们发的都是新鲜、保质、保量的！

问：我都没收到货，你们就显示物流签收了？

答：×× 宝宝，你这边是什么时候显示物流签收的呀，你可以私聊咱们的小店客服帮你查一下哟！

问：刚下单，能不能换地址？

答：亲，如果你刚下单，如果咱们这边还没显示发货，您尽快去私聊一下小店客服备注更换地址哟！

【产品问题互动总结】

1. 主播不要答非所问，当观众对产品质疑时，主播要正面、正向、积极回应，尽量打消观众下单前的疑虑。

2. 如果有观众不理解产品相关的问题，主播不要生硬地用专业名词来解释其来源和含义，可以适当先与观众互动，就着观众的思路往下讲解。

3. 主播解释产品问题时要结合演示、实验、对比等方法，通过接地气、具体化的演示来吸引观众。

▷▷ 4.2 营养问题

4.2.1 谷类食品

问：对肠道好吗？

答：吃100%全谷物燕麦可以促进咱们的肠道蠕动，长期吃对咱们的胃肠都好哟！

问：早餐吃燕麦会不会影响孩子营养？

答：如果是小孩子吃的话我更推荐咱们的2号链接，即各种谷类麦片加水果干，给孩子更健康地搭配。

问：减脂吃这个，营养能跟上吗？

答：可以的，咱们这个里边含有奇亚籽，不仅果腹，营养价值也非常高哟！

问：真的对湿气重的人有好处吗？

答：薏仁主要功效就是除湿、健脾胃，身体湿气重的家人可以冲一下咱们5号链接的薏仁粉！

问：玉米怎么吃更有营养呢？

答：玉米直接蒸着吃或煮着吃会更有营养哟，或者家里煮排骨汤的时候放一些玉米块也是很有营养的！

4.2.2 豆类食品

问：孕妇经常吃红豆有好处吗？

答：大家都知道孕妇需要多补充叶酸，而红豆含有很丰富的叶酸，所以孕妇多吃红豆很好哒！

问：听说红豆能解酒？

答：对的，红豆含有大量的皂角甙，红豆煮水对解酒和解毒有一定效果，也比一些解酒药好些呢！

问：吃黑豆有好处吗？

答：黑豆向来有"豆中之王"的美称，它可以起到消肿下气、防老抗衰的作用，而且还有乌发的功效呢！

问：青豆真有你说得这么好吗？

答：家人们，俗话常说"夏天吃豆，胜过吃肉"，青豆的好处非常多，经常吃青豆还可以起到维持血管弹性、预防脂肪肝的作用，真的是很不错的选择。

问：这个怎么吃最有营养？

答：这个可以做成绿豆排骨汤，或直接加冰糖熬成绿豆汤来解暑，做法简单，营养也不会流失。

4.2.3　蔬菜水果

问：生吃更有营养吗？

答：家人们，番茄熟吃会比生吃更有助于营养的吸收哟，因为番茄里边的维生素受热会分解，更有助于人体吸收的！

问：颜色越深越有营养？

答：颜色越深，说明所含的胡萝卜素和维生素越多，营养价值越高。

问：怎么做营养价值更高？

答：咱们在炒菜的时候采用大火急炒，尽可能避免多次加热的情况，这样炒出来的蔬菜才能更有营养。

问：带皮吃更有营养吗？

答：咱们这个萝卜建议大家带皮食用，这是因为外皮所含的维生素比里面还要多哟！

问：吃这个有什么保健作用？

答：不经常吃黄花菜的人可能不知道，黄花菜又叫"健脑菜"，也就是说它有健脑抗衰的功效。

4.2.4　畜禽肉类

问：你这个冷冻鸡寄过来营养会不会受损？

答：鸡肉的冷冻一般分为两种，一种是速冻，一种是缓冻，速冻基本上保持了食品原有的营养和香味，而缓冻会造成口感变差，鲜度和营养价值也会降低，咱们家是用的速冻哟！

问：进口牛肉比国内牛肉的营养价值高一些吗？

答：这个不是绝对的哟，咱们家的进口牛肉主要来自××国，其天然放牧方式饲养的牛，肉质口感和品质都是非常好的，营养也很丰富！

问：喝鸡汤比吃鸡肉的营养更高吗？

答：家人们，这个是很常见的误区啦，其实鸡汤大部分是水，会有少量的水溶性维生素和氨基酸等，而吃肉的营养价值则高很多哟！

问：土鸡和饲料鸡的营养差距很大吗？

答：咱们这个土鸡是在山里养殖的，吃的是五谷杂粮，喝的是山泉溪水，肉质和营养都比饲料鸡更好些哟！

问：你这些里边哪一个脂肪低？

答：咱们农场里边，首先鸡的脂肪含量是最低的，其次是大鹅的脂肪含量低，鸭的脂肪含量最高，想要脂肪低、营养价值高的家人可以买 5 号链接的鸡肉哟！

4.2.5　水产食品

问：你这个海鱼跟淡水鱼有什么不同？

答：深海鱼一般含有许多的不饱和脂肪酸、蛋白质、无机盐以及多种维生素，这些都有助于提高记忆力，提高我们人体的免疫力哟！

问：龙虾里边是不是含有很多重金属，对人体不好？

答：家人们，小龙虾大部分的脏东西都在它的头部和虾线里边，如重金属、污染物等，大家吃咱们家的虾子去头、去虾线就可以啦！

问：现场的鱼这么活跃是吃了激素吗？

答：咱们家的"水货"不加什么所谓的激素噢，单纯是模拟野生环境养殖才会这么活跃的，天然、健康养殖，营养价值没得说！

问：听说人造海味水产食品营养价值很低啊！

答：咱们这个虾条是用 100% 的虾肉加一定的辅料加热成型后的熟制品，营养价值在第一步的冷冻环节完好无损地保留了下来，不存在人造虾肉这种说法！

问：你这鱼做成罐头了还有啥营养呢？

答：咱们家的罐头鱼是通过预处理、装罐、密封、加热杀菌四道严密的生产工序加工而成的，锁鲜技术保证了鱼肉的新鲜和营养哟！

4.2.6 蛋类食品

问：蛋黄颜色越深营养价值越高吗？

答：这个没有直接关系哟，农家散养的鸡会吃各种青草，蛋黄中富含类胡萝卜素，所以蛋黄会偏红，颜色更深一些，其实营养价值都是差不多的。

问：吃鸡蛋会导致血胆固醇升高？

答：正常的成年人一天吃 1~2 个鸡蛋，其实并不会造成血胆固醇升高，如果您之前有高胆固醇相关的小毛病，其实两天吃一个鸡蛋也是没有问题的呢！

问：土鸡蛋的营养价值更高吗？

答：土鸡蛋和饲料鸡蛋可能在大小和颜色方面有差异，但其实营养价值方面的差距并不是很大。

问：生吃鸡蛋更营养吗？

答：家人们，咱们这个鸡蛋必须做熟吃，这是因为生鸡蛋可能含有细菌，而且生鸡蛋不利于人体消化吸收。

问：每天吃几个更好、更有营养？

答：鸡蛋的营养价值是很高的，一天吃 1~2 个鸡蛋会更有助于人体的营养吸收哟！

4.2.7　奶类食品

问：脱脂奶比全脂奶营养高？

答：全脂奶含有脂肪，这些脂肪有助于身体对脂溶性维生素的吸收，××宝宝你恰好说反咯，脱脂奶经过了脱脂处理，脂肪含量会低一些呢！

问：牛奶是早上喝还是晚上喝更好？

答：早晚都是可以的，早上喝可以促进人体补充所需的营养，增强免疫力；晚上喝有助于睡眠，而且有助于骨骼在夜间的生长。

问：加热牛奶会造成营养流失吗？

答：牛奶加热不会导致营养流失的，喜欢喝热饮的朋友可以适当将牛奶加热呢！

问：空腹喝牛奶是不是对身体不好？

答：空腹喝牛奶可能会影响营养的吸收，建议家人们可以在喝牛奶前吃一点面包、包子之类的哟！

问：奶片和牛奶营养价值一样吗？

答：不太一样，奶片除了奶粉，同时还添加了乳清蛋白粉、葡萄糖糖浆、麦芽糖等，奶片和牛奶的营养不能完全等同呢！

📠【营养问题互动总结】

1. 主播不要夸大产品的营养价值，要实事求是，按照相关医学知识和常理进行介绍。

2. 主播不要脱离食材搭配谈营养，可以多介绍产品与其他食物的搭配来突出营养价值。

3. 主播不要被观众的问题带偏，观众对营养价值提出质疑时，主播要主导直播节奏，回归产品本身。

▶ 4.3 健康问题

4.3.1 肠胃健康

问：这个真的能治疗消化不良吗？

答：家人们，咱们这个主要是针对消化不良能起到一定的缓解作用，如果想要根治消化不良，还是建议您去医院去看一下呢！

问：这个怎么吃才能缓解肠胃问题？

答：建议家人们饭后一个小时吃会好一点，可以缓解腹胀，促进肠胃蠕动，有益健康！

问：胃胀气能不能吃？

答：可以的，这个是由五味中草药和小米制成的，健脾胃，放心吃！

问：肠胃不好真能用食物解决吗？

答：对的，其实生活中对肠胃好且能改善肠胃情况的食物还真不少呢，比如小米粥、海带、碱性的面条、香菇等，像咱们这个五谷糙米也是有养胃的好处。

问：小孩和成人版的健胃区别在哪里？

答：家人们，这个是含有益生菌的酸奶，成人和小孩版在各种配比成分里边会有略微区别，12 岁以下的建议买儿童版，都是有开胃健脾功效的。

4.3.2 口腔健康

问：口臭能不能缓解？

答：猕猴桃里边含有大量的维生素 C，可以缓解牙周炎引起的口臭问题，有这方面困扰的家人们可以大胆囤一波哟！

问：对口腔溃疡有用吗？

答：咱们这个雪梨含有比较多的水分和维生素 B，多吃可以达到防治口腔溃疡的效果呢！

问：牙齿敏感的人能不能吃？

答：家人们，咱们这个柠檬比较酸，牙齿敏感的人不要直接吃哟，建议大家泡水或者煮东西时可以放一点，经常喝还可以缓解咳嗽、胃热等哟！

问：喝这个好像对我咽炎有好处吧？

答：对的，这个梨熬出来的汤对缓解咽喉炎是很有好处的，大家有类似问题的可以买回家试试看噢！

问：对口腔容易上火的有好处？

答：柠檬有消炎、抗氧化的功效，夏天经常食用柠檬还可以降火解暑哟！咱们的柠檬可是好宝贝。

4.3.3　皮肤健康

问：皮肤干燥吃这个有用吗？

答：可以的，维生素 C 含量越多，皮肤越水嫩，皱纹也就越少，多吃苹果可以使咱们的皮肤光滑有弹性！

问：吃多少能让皮肤变白呀？

答：咱们坚持吃这个一定是有效果的，但是至于吃多少能变白，不只是咱们家或者任何一个直播间都不能肯定地告诉你的，咱们想要皮肤好，一定要做到不熬夜和多运动，辅以咱们的水果，以及保持健康的作息生活哟！

问：吃水果能去除脸上的痘痘吗？

答：柚子具有清热排毒、通便、消炎等功效，所以对消除脸上的痘痘有一定的帮助，经常吃柚子对皮肤是有好处的。

问：油性皮肤吃了会不会更油啊？

答：脸上油脂分泌旺盛的家人可以多吃咱家的葡萄，以缓解水油不平衡、不稳定带来的皮肤问题喔！

问：芦荟能吃？皮肤晒伤的怎么弄？

答：经常看咱们直播间的家人们应该知道，芦荟胶具有镇静消炎的作用和散热的功效，咱们如果有不慎晒伤的宝子，可以将芦荟去皮敷在咱们晒伤的皮肤上。当然，芦荟还可以放一点糖凉拌着吃或者榨成汁喝噢！

4.3.4　睡眠健康

问：有助眠安神作用吗？

答：灵芝孢子粉是咱们浙江有名的特产，主要就是它有增强人体免疫力和助眠安神的效果，咱们如果有这方面困扰的可以在 3 号链接下单哟！

问：这里边是什么元素对助眠起作用的？

答：主要是富含多糖、三萜类等具有调节免疫功能的元素，重在补充微量元素，有一定的助眠保健作用。

问：吃这个能做到深度睡眠吗？

答：家人们，吃这个只是能一定程度上提升咱们的睡眠质量，想要深度睡眠的话大家一定要多运动，包括在作息时间、吃饭、喝水等方面都要多下功夫呢！

问：我怎么觉得这东西对睡眠好是在扯淡呢？

答：杏仁的功效，大家全网可查可搜的哈，可不是主播在这里跟你们胡扯，杏仁所含的镁元素有镇静催眠的作用，确实可以提升大家的睡眠质量哟！

📠【健康问题互动总结】

1. 主播不要给出绝对化的回答，直播间忌对医疗、病理问题进行绝对化的回复。

2. 主播不能生搬硬套，而要牢牢把握住水果与健康问题之间的深层联系，要保证内容的真实性和权威性。

3. 主播不能在直播间引导产品有"治疗"功效，而要提醒观众有问题及时就医，避免观众以偏概全或被误导。

▷▷ 4.4 回答思路模板

4.4.1 常识类回答思路模板

1.是的，便宜没好货，你说的确实是社会现实，但是主播要告诉你，咱们家种植____（产品简称）已经整整二十年了，所以现在有底气拿低价 __（价格）元回馈粉丝朋友，并不是每一家直播都能做到像我们这样的，我看你也关注这么久了，可以下单尝试下就知道真假！

2.你这个问题涉及食品安全问题，说实话，大家平时为了节俭，都会削掉一部分坏的接着吃，但是"土豆发芽不能吃"是常识问题，咱们的____（产品简称）也是一样的，不管是霉烂还是长虫都不能吃，一整个都不能吃了，大家在直播间不只是选水果，更是选生活，要对家人们的生活和健康负责任！

3.担心水果上面有农药残留或有化肥、化学原料污染的，担心流水清洗不掉的，不卫生、不干净的，主播都能理解大家的想法，包括很多人也都知道有一些生活常识，比如用碱水或者盐水清洗果皮，或者用面粉揉搓表面、____（列举常识方法）等，咱们的____（产品简称）不需要这样做，因为都不存在上面提及的这些问题，大家拿回家用清水洗净就可以吃啦！

4.4.2 专业类回答思路模板

1.我们全国有很多家____（冷冻生鲜食品简称）品牌的生鲜连锁店，采用的都是世界一流的____（进口国简称）品质原料，每道制作工序和包装流程都是严格按____（标准简称）标准执行，认准____（冷冻生鲜食品简称），买对家人对自己都好的____（产品简称）。

2.首先，____（产品简称）中富含____（营养元素简称）元素及多种____（微量元素简称）微量元素，有助于人体免疫力的提高和预防____（疾病简称）及____（疾病简称）；其次，____（产品简称）吃法也非常多元，可以搭配三号链接里面的____（产品简称）凉拌吃，还可以搭配____（食物简称）煮汤，____（产品简称）真的是一种对身体非常有益的水果啦！

3. 咱们家这个____（产品简称）是甜而不腻的，因为其产地____（地域简称）属于热带地区，在这种环境下生长出来的水果呢，第一个糖分含量高，高达____（百分比含量）%；第二个水分很充足，大家可以看一下这一筐里面每一个果子都很饱满啊，主播空口无凭，大家看这漫山遍野的果子就知道了；第三个，果树的出肉率高，达到____（百分比含量）% 以上的出肉率啊，足斤足两，好吃到吃了还想吃，买了还想买！

4.4.3　质疑类回答思路模板

1. 我们的____（产品简称）宝贝到货的时候，快递小哥会先让您验收，这时您需要仔细查看外包装是否有破损。品质这块您也可以放心，只要是____（果园或农场名字简称）的产品，品质就一定是跟您在超市和水果店看到的是一模一样的。

2. 咱们的每一个快递都给大家配备了____（服务简称）的赔付服务，这是专为每一位____（果园或农场名字简称）的优质客户提供的特色售后服务，任何一个符合赔付标准的订单商品有破损或腐坏等问题，您都可以在商品签收后48 小时内提交____（服务简称）赔付申请，咱们收到申请后会在五日内做审核，审核通过后会为您进行补偿或退款，而且无须您退回商品，您的一切担心咱们都会用心解决！

3. 有人觉得贵，我说实话，这一款____（产品简称）其实性价比很高，由于它鲜甜多汁，加上它是现采现发，品质大家都看得见，而且这款____（产品简称）是精美礼盒装，属于非常有质感的，当礼品送家人、送朋友、送领导都非常合适，我建议您可以好好考虑____（果园或农场名字简称），咱家的品牌真的是物超所值的！

第 5 章

信任怎么建

5.1 以质取信

5.1.1 情景 52：质地

【直播情景再现】

某红茶品牌直播间正在热卖几款特产红茶，这些红茶产自 ××（地名），是传统红茶，由于近期红茶市场竞争激烈，直播间的观众对于红茶的质地问题非常关注，主播小妮正在向观众展示各种泡茶方法，证明自家的红茶是真正的优质红茶，同时也回答着观众关于红茶的口感、香气、颜色等问题……

【直播弹幕分析】

1. 对于弹幕上关注红茶质地问题的观众，其可能比较关注红茶的品质和等级，主播可以从专业角度介绍自家的红茶是如何种植、采摘、制作、保存的，以及有哪些鉴别优劣的方法。

2. 对于弹幕上关注红茶口感问题的观众，其可能比较关注自己或家人的喜好和体质，主播可以多介绍不同类型的红茶各自有哪些特点、适合哪些人群、有哪些搭配方法等。

3. 主播要注意把握好节奏，要根据观众反馈调整话术，增加直播的互动性和趣味性。

【主播互动演练】

主播："七碗受至味，一壶得真趣。空持百千偈，不如吃茶去"！大家好，欢迎来到小妮的红茶直播间，今天给大家带来的是咱们 ××（地名）最有名的传统红茶！

主播：这里我先给大家看一下咱们家的茶园，大家请看主播身后，你们看这些茶树多健康啊，它们生长在海拔 2000 米以上的高山上，享受着充足的阳光和雨露，没有任何化肥和农药！

主播：咱家的红茶都是经过严格的采摘、萎凋、揉捻和发酵等工序，保证了每一批都是优质一级的红茶！爱茶人可谓是"宁可一日无食，不可一日无茶"，所以咱们要喝就喝咱们家这种好茶！

弹幕 1：现在市面上的红茶太多了，怎么知道你们家的是好货？

主播：×××你这个问题问得很好，我也非常理解大家对于质地问题的重视，其实鉴别红茶好坏有很多方法，比如说从外形、香气、汤色、滋味等方面都可以进行鉴别。我这里就给大家演示一下最简单、最直观的方法。

主播：你们看我手里拿的两包不同牌子的红茶，这一包是咱们家的经典红茶，另一包是市面上常见的一种加了色素和香精的劣质产品，我先给大家看一下其外形区别。

主播：你们看咱们家的红茶颜色是深红色的，而这个劣质产品颜色是暗淡无光的，这是因为真正的好红茶是由普洱古树的嫩芽制成的，而劣质产品是用老叶或者杂草制成的，颜色就会不一样。

主播：再给大家看一下其香气区别。我先闻一下咱们家的红茶，其没有任何异味，这是因为真正的好红茶只会有一种淡淡的麦芽糖香，而劣质产品是有一种刺鼻的香精味道，这是因为劣质新产品里面有很多色素和香精，不仅会影响口感，而且还会对身体有害。

主播：最后给大家看一下其汤色区别。我用两个杯子分别泡两包红茶，你们看咱们家的红茶泡开后汤色是红艳明亮的，而这个劣质产品汤体是黑色且浑浊的，真正的好红茶是经过精心的发酵和烘干的，而劣质产品只经过简单的染色和加工，汤色就会不一样。

弹幕 2：小妮主播好专业啊！

弹幕 3：我想问一下到底是什么味道？

主播：谢谢大家的夸奖！其实咱们家的每一款红茶都有不同的滋味，主播手里的这款红茶有一种醇厚甘甜、回味无穷的味道，特别适合冬季喝。如果大家想了解更多关于咱们家的其他类型的红茶，比如说滇红、玫瑰红等，可以去咱们直播间的 7~15 号链接里查看哦！

弹幕 4：有没有什么优惠呢？

弹幕 5：相信主播！

主播：好，给大家推荐一下咱们今天直播间的特惠套餐，全场买二送一！只要你买了任意两包咱们家的优质红茶，就可以免费再送你一包同样规格的任意口味的红茶！

弹幕 6：好红茶卖这么划算！

弹幕 7：有活动还是可以冲一冲！

主播：是的是的，"一杯茶，品人生沉浮；平常心，造万千世界"！喝红茶就认准咱们 ×× 家的好红茶！爱喝茶的家人千万不要错过咱们直播间的活动哟！

弹幕 8：下单了！

…………

⚠【互动误区提醒】

1. 主播要根据观众的实际需求和喜好合理地介绍自己的产品，不要过分夸大或者负面评价自己或者其他品牌的产品，要保持客观和真诚的态度。

2. 主播在介绍红茶质地时不要说观众不懂红茶，也不要说观众都是聪明人，而是要用亲切和友好的方式来回答观众的问题。

3. 主播要有足够的专业知识，要对自己的产品有深入地了解和研究，不要随意编造判断产品质地的方法。

5.1.2 情景 53：品质

▶【直播情景再现】

某土特产食品直播间正在热卖几款蜂蜜，这些蜂蜜都是从当地采集的纯天然蜂蜜，由于近期蜂蜜造假事件的曝光，直播间的观众对于蜂蜜的品质问题非常关注，主播小芳正在向观众展示各种检测方法，证明自家的蜂蜜是真正的纯天然蜂蜜，同时也回答着观众关于蜂蜜的功效、保存方法、食用方法等问题……

💻【直播弹幕分析】

1. 对于弹幕上关注蜂蜜品质问题的观众，其可能比较担心市面上的假冒伪劣产品，主播可以多从专业角度解释自家的蜂蜜是如何采集、加工、检测的。

2. 对于弹幕上关注蜂蜜功效问题的观众，其可能比较关注自己或家人的健康问题，主播可以多介绍蜂蜜的营养价值及蜂蜜适合哪些人群、有哪些注意事项等。

3. 主播要注意把握好节奏，不要一味地重复同样的内容，要根据观众反馈调整话术，增加直播的互动性和趣味性。

💬【主播互动演练】

主播：大家好，欢迎来到小芳的土特产食品直播间，今天给大家带来的是咱们当地最有名的纯天然蜂蜜！

主播：这里我先给大家看一下咱们家的蜂场，主播背后大屏幕展示的是前不久拍摄的蜂场视频，你们看视频中的小蜜蜂多勤劳啊，它们在采集着各种花蜜，这些花都是咱们当地特有的植物，没有任何污染和农药！

主播：咱家的蜂蜜都是经过严格的筛选、过滤、灭菌、密封等工序的，保证了每一瓶蜂蜜都是纯净无杂质、无添加剂、无防腐剂、无糖等！

弹幕 1：这是真蜂蜜吗？

主播：×××你这个问题问得很好，我也非常理解大家对于品质方面的担心，其实鉴别真假蜂蜜有很多方法，比如说从颜色、味道、黏度、结晶等方面都可以进行鉴别，我这里就给大家演示一下最简单、最直观的方法。

主播：你们看我手里拿的两瓶不同牌子的蜂蜜，一瓶是咱们家的纯天然槐花蜂蜜，另一瓶是市面上常见的蜂蜜产品，我先给大家看一下其颜色区别。

主播：你们看咱们家的槐花蜂蜜颜色是淡黄色透明的，而这个产品颜色是深黄色不透明的，这是因为真正的槐花蜂蜜是由槐花的花蜜组成的，而另一个产品是用白糖和水加工而成的，颜色就会更深，看上去也更浑浊。

主播：再给大家看一下其味道区别。我先尝一下咱们家的槐花蜂蜜，你们看我舌头上没有任何残留，这是因为真正的槐花蜂蜜是很容易被口腔吸收的，而且有一种淡淡的清香和甘甜。再尝一下这个产品，你们看我舌头上有一层白色的泡沫，这是因为这个产品里面有很多糖分和香精，过量食用会对牙齿和胃造成损害。

　　主播：最后给大家看一下其黏度区别。我用两根筷子分别从两瓶蜂蜜蘸取，你们看咱们家的槐花蜂蜜挑起来是很细很均匀的丝状，而这个产品挑起来是很粗很断裂的块状，这是因为真正的槐花蜂蜜是由很多微小的水分子组成的，而另一个产品是由很多大颗粒的糖分组成的，黏度就会不一样。

　　主播：通过这几个方法，大家能区别出来不同品质的蜂蜜了吧！简单直观，行之有效！

　　弹幕 2：牛！

　　弹幕 3：头一次听说这个。

　　弹幕 4：都有什么功效？

　　主播：谢谢大家的夸奖！其实咱们家的每一款蜂蜜都有不同的功效，比如说槐花蜂蜜有清热解毒、润肠通便、美容养颜等作用，特别适合各位爱美的家人们喝。除了槐花蜂蜜，咱们还有枣花蜂蜜、枸杞蜂蜜等，不同蜂蜜有不一样的效果哦！

　　主播：好了，时间不早啦，主播要赶紧上链接了，如果大家还有什么问题或者想法，赶快在直播间留言互动起来哦！

　　弹幕 5：有优惠吗？

　　弹幕 6：快上！

　　主播：好，给大家推荐一下咱们直播间最火爆、最实惠的套餐，那就是买三送一！只要你买了任意三瓶咱们家的纯天然蜂蜜，就可以免费再送你一瓶同样规格的任意口味的蜂蜜！

　　弹幕 7：好蜂蜜卖这么划算！

　　主播：是的是的，咱们这个优惠真的是太划算了！赶紧去抢购吧！

　　…………

⚠【互动误区提醒】

　　1. 主播要注意把握好观众的需求和心理，不要过于夸奖自己或者贬低其他品牌的产品，要客观真实地介绍自己的产品优势和特点。

　　2. 主播要注意语气和表情，要自信而不自负，要热情而不谄媚。

　　3. 主播要足够专业，要对自己的产品有足够的了解和研究，能够提供有效的证据和数据来支持自己的观点，不要胡乱编造或者模棱两可。

5.1.3　情景 54：保质

【直播情景再现】

某生鲜水果直播间正在热卖几款沙棘果，这些沙棘果都产自 × ×（地名），是纯天然沙棘，直播间的观众对沙棘果的营养价值和美容功效非常关注，一些观众比较重视沙棘果的保质问题，主播小敏正在向观众展示和介绍各种保存方法，证明自家的沙棘果是真正新鲜和无添加任何化学物质的，同时也不断与观众互动，回答他们关于沙棘果的口感、香气、颜色等问题……

【直播弹幕分析】

1. 对于弹幕上关注沙棘果保质问题的观众，其可能比较关注沙棘果在运输和存储过程中的保鲜问题，主播可从多种保鲜技术层面向大家进行展示和介绍。

2. 主播在回答保质相关的问题时可以给观众讲解沙棘果是如何采摘、包装和冷链运输的，通过描述细节和观众建立信任。

3. 对于弹幕上关注沙棘果口感问题的观众，其可能比较关注自己或家人的喜好和体质，主播可以同步推直播间其他的沙棘产品链接。

【主播互动演练】

主播：大家好，今天开播先给大家讲一个与咱们沙棘果有关的小故事！据史书记载，三国时期的蜀军有一次在长途跋涉的征战中，因长时间的赶路而导致军队和战马筋疲力尽，前方探路的士兵在荒郊野外发现了一种叫"棘果"的果子，诸葛亮发现此果可以食用后，让全军战士和战马吃下此果以充饥解渴，没想到食用后不久，士兵们的疲劳就消除了，战马的体力也很快恢复，而当时他们食用的正是咱们现在的"沙棘果"哟！

弹幕 1：没想到还有这种故事啊。

弹幕 2：主播博学！

主播：哈哈，谢谢各位的夸奖，沙棘果主要生长在海拔3000米以上的高山上，因"耐风沙，枝上长刺"而得名，其享受着大自然充足的阳光和雨露，没有任何化肥和农药！

弹幕3：吃这个有什么好处吗？

弹幕4：我想问一下沙棘果有什么功效？

主播：据咱们的《中医大辞典》里记载："沙棘果有活血散瘀、化痰宽胸、补脾健胃、生津止渴、清热止泻之功效。"日常吃吃对咱们都很有好处的哟！

弹幕5：口感如何？

主播：味道甘润醇厚，酸甜爽口，大家可以买回家榨果汁、做成果酱，或者酿成果酒，每100克沙棘果里面的VC含量约等于柑橘的6倍、山楂的20倍、番茄的80倍，多吃沙棘果可补充多重营养！

弹幕6：保质吗？

主播：咱家的沙棘果都是经过严格的挑选、清洗、包装、冷链运输等工序的，保证了每一份果子都是新鲜保质的，种植和包装全过程无任何化学剂的添加、无防腐剂、无添加糖等，以保证每一份果子的自然风味！

主播：你们看咱们家的沙棘果是橙红饱满的，而这个品质差一点的是暗红干瘪的，这是因为好的沙棘果是长在高海拔、昼夜温差大，日照和降水充足的地方的，同时需要人工悉心照料。

主播：再给大家看一下汁液区别。我用两个杯子分别挤出两份沙棘果的汁液，你们看咱家的沙棘果挤出来的汁液是橙黄色透明的，而另一个品质差一点的挤出来的汁液是红黑色浑浊的，品质高的沙棘果是富含VC和其他营养成分的，每一份鲜活大家看得见！

弹幕7：主播好专业啊！

弹幕8：怎么保鲜？

主播：咱们沙棘果的最佳储藏温度为1～5℃，大家收到货之后要及时放到冰箱的冷藏区并调节好温度，这样既不会冻坏，又能保持沙棘果的新鲜哟！

主播：沙棘果除了咱们常说的功效以外，还具有抗氧化、抗炎、抗菌、美容养颜等作用，特别适合女性朋友食用。如果说有一些家人们不爱吃水果，那你们可以看看下方17~25号里面的链接，咱家除了沙棘鲜果以外还有沙棘酸奶、沙棘饮料、沙棘蜜饯、沙棘果酒等，主播待会一一给大家讲解噢！

弹幕9：有没有什么优惠呢？

主播：家人们，今天直播间满 30 立减 10 元，大家有喜欢的可以加入购物车一起下单哟！

弹幕 10：还挺划算！

…………

⚠ 【互动误区提醒】

1. 关于沙棘果的故事不可杜撰，也不可胡编不存在的典故，主播在直播间引用的故事要尽量是能够在互联网上查询到的。

2. 主播所描述的品质卖点一定要结合沙棘果生长的环境，要有理有据，不要消耗观众的信任。

3. 主播在介绍沙棘果品质时若对比其他品牌的产品，不能指名道姓，避免不必要的商业纠纷。

▶▶ 5.2 以诚取信

5.2.1 情景 55：诚实

📺 【直播情景再现】

某农产品直播间主播正在热卖几款自家种植的红薯，这些红薯产自 ×× （地名），是纯天然红薯，主播小舞正在向观众展示和介绍各个品种的红薯，直播间的观众对主播直播卖红薯的方式挺感兴趣的，一些观众比较重视红薯的甜度和口感，主播一边讲解自己种植红薯的经历，同时也不断与观众互动，回答他们关于红薯的种植、保存、食用等问题……

🖥 【直播弹幕分析】

1.对于弹幕上关注红薯品质问题的观众，其可能比较关注红薯的甜度、口感、颜色等，主播可以多从自己的种植经验和实际情况出发，向他们展示和介绍影响红薯品质的因素有哪些。

2. 对于弹幕上关注红薯营养问题的观众，其可能比较关注自己或家人的健康和饮食，主播可以多介绍不同品种的红薯各有哪些营养成分、适合哪些人群、有哪些食用方法等。

【主播互动演练】

主播：大家好，欢迎来到小舞的农产品直播间，红薯，红得健康，甜得幸福！吃一口，让你回味童年的甜蜜，感受家乡的温暖！

弹幕 1：主播有点小才华哟！

主播：家人们，别的咱不敢吹，但咱家这个红薯都是我自己种出来的。

主播：这里我先给大家看一下咱们家的田地，大家请看主播身后，你们看这些红薯都是我亲手种植的，它们生长在肥沃的黑土地上，没有任何化肥和农药！

主播：咱家的红薯都是经过精心地挑选、清洗、包装、运输的，保证了你们拿到手的每一份红薯都新鲜美味！

弹幕 2：买回去的能跟主播手里的一样？

主播：大家不用担心，买回家的跟主播手里这个一模一样。

主播：你们看我手里拿的两个不同品种的红薯，这一个是咱们家的紫皮白心红薯，另一个是市面上常见的一种黄皮黄心红薯，我先给大家看一下其外形区别。

主播：你们看咱们家的红薯是紫色的，而这个红薯是黄色的，这是因为不同品种的红薯含有不同的色素，紫皮白心红薯含有花青素，黄皮黄心红薯含有胡萝卜素，这些色素都是天然的，对身体有益的，不用担心对人体有什么危害。

主播：因为咱们家的红薯是现挖现发的，挖的过程中最大程度上保持了红薯的完整，所以大家拿到手的都比较新鲜。而这个黄色的红薯，现在闻起来已经有一种发酵的味道，可能是因为运输时间长及包装简陋等因素而开始变质了，咱家绝对不会出现这种问题的！

弹幕 3：信你！

弹幕 4：紫皮的真的好吃吗？

主播：谢谢大家的信任！其实咱们家的每一款红薯都有不同的滋味，主播手里的这款紫皮白心红薯吃起来有一种绵软香甜的口感，特别适合秋冬季节吃。当然，把红薯烤着吃、蒸着吃或煮粥吃都非常香甜！

弹幕 5：有没有什么优惠呢？

弹幕 6：听上去还不错！

主播：好，话不多说，马上给大家上链接，今天直播间买两斤送一斤，也就是到手三斤只要 ×× 元，给不给力！

弹幕 7：好划算！

主播：家人们，红薯是一种非常好的农产品，它不仅能提供我们人体所需的能量，还有助于我们预防和治疗很多疾病，比如说高血压、高血脂、糖尿病、便秘等。另外，红薯富含维生素、矿物质、膳食纤维和抗氧化物质，能够有助于增强我们的免疫力和抵抗力，保持我们的健康和美丽！

主播：还有不知道怎么吃的，主播再给大家介绍下红薯的吃法，你们可以用水煮、用油炸、用火烤、用微波炉加热，或者做成红薯粥、红薯饼、红薯面等，每一种吃法都有不同的风味和营养。当然了，主播最喜欢的还是用火烤的红薯，其外皮焦香，里面软糯甘甜，吃一口下去就觉得温暖舒服！

主播：咱家红薯的保存方法也很简单，只要你们把它放在干燥通风的地方，避免阳光直射和潮湿，就可以保存一周多的时间，不过还是建议大家尽快食用。如果你们想吃新鲜的红薯，也可以把它放在冰箱里冷藏，但是要注意不要冻坏了哦！

…………

⚠ 【互动误区提醒】

1. 主播要合理地介绍自己的产品，不要过分夸大或者负面评价市面上其他品牌的产品，要保持客观和真诚的态度。

2. 主播在介绍红薯吃法时不要只推荐最简单的方法，而是要根据观众的口味和喜好给出多种建议，让观众感受到主播的用心和专业。

3. 主播的诚实要体现在注意事项的一些细节上，比如提醒观众"不要将红薯放冰箱太久冻坏了"，让观众感受到贴心和热情。

5.2.2　情景 56：真诚

【直播情景再现】

　　某生鲜竹笋直播间正在热卖几款新鲜竹笋，这些竹笋产自 ××（地名），是纯天然竹笋，近期正是新鲜竹笋供不应求的好时节，直播间的观众对于竹笋的品相和口感都非常关注，其中有一些观众比较挑剔竹笋的外观和个头大小等，主播小洋正在向观众们介绍刚从自家地里挖出来的新鲜竹笋，同时也给他们介绍一些简单的烹饪方法，通过一边演示一边互动，回答他们关于竹笋的营养、保质、食用等问题……

【直播弹幕分析】

　　1. 对于弹幕上关注竹笋品相问题的观众，其可能比较关注竹笋的新鲜度和品质，主播可以多从专业角度告诉他们一些辨别竹笋新鲜度和品质的方法。

　　2. 主播在回答品相相关的问题时可以给观众讲解竹笋的生长特点和品种差异，通过描述细节和他们建立信任。

　　3. 对于弹幕上关注竹笋口感问题的观众，其可能比较关注自己或家人的口味偏好，主播可以多介绍下有关竹笋的食用方法。

【主播互动演练】

　　主播：家人们，"头角崭崭露，江南四月时"，又到了春日吃笋的好时节啦！欢迎各位来到小洋的直播间，今天给大家带来的是咱们 ××（地名）非常有名的纯天然竹笋！

　　主播：咱家的都是当季鲜嫩小竹笋，精选上等的高山竹笋，全都是由咱们徒步到我家的后山野生竹林挖回来的，农村人也不会讲什么虚头巴脑的漂亮话，但我们敢保证的是，所有大家买回去的竹笋都是野生鲜竹笋，都是土生土长的，无任何添加物的！

　　弹幕 1：你这竹笋个头怎么这么小啊！

　　主播：咱们这个就是正常个头大小，长在高山无污染的土地里，不打农药、不打激素，而且啊，这种个头才是最好吃、最鲜嫩的，再粗一点口感可能就没那么好了。

弹幕 2：你的笋怎么也都长得不好看啊！

主播：是这样的，自然生长的东西咱们是不会干预它的长势的，咱家的东西虽然说品相不好，但确实是好东西，您吃一回就知道好赖竹笋的区别啦！

主播：我也非常理解大家对于品相问题的重视。现在给大家看一下不同竹笋切面的区别，我用刀分别切开两根竹笋，你们看咱们家的竹笋切开后是白白嫩嫩且多汁水的，而这个品质差一点的竹笋切开后是干巴巴的，汁水和营养显然已经有所流失了。

弹幕 3：寄过来会不会坏啊？

主播：咱们的鲜笋都是经过真空包装和高温杀菌的，3~5 天寄到您那里依旧能保持鲜嫩多汁哟！

弹幕 4：怎么吃呢？

弹幕 5：一般要搭配什么啊？

主播：竹笋的吃法真的很多，大家可以看下主播面前摆的这几道家常小菜，油焖青笋、风味腊炒、鲜笋煲汤，都非常美味！

主播：油焖青笋的做法非常简单，大家收到竹笋之后，把竹笋放到清水里洗净，然后用刀将它拍扁后切成细条，锅中加水烧开，把竹笋倒入锅中焯一下水，焯好水之后，锅中倒油，油热开始冒烟之后倒入笋，慢慢炒至表面微黄，再放少许盐、白糖、生抽进行调味，最后加入一点清水没过青笋焖煮，大火收汁就可以啦！

主播：风味腊炒的做法就是将竹笋和腊肉、腊肠之类的一起炒熟就可以啦，大家爱吃什么口味的就放对应的佐料就可以！

主播：鲜笋煲汤的做法也很简单哟，大家可以先把排骨或者鸡肉焯水，焯好后换清水，之后放入鲜笋、盐、鸡精，小火慢炖即可。

主播：相信大家应该学会一些鲜笋的家常菜做法啦！

弹幕 6：主播好专业啊！

弹幕 7：没想到主播卖东西还这么真诚教我们！

弹幕 8：我想问一下到底是什么味道？

主播：谢谢大家的夸奖！主播这里的竹笋吃起来有一种清爽脆嫩、回味甘甜的感觉，特别适合春天吃！竹笋的营养价值挺高的，可以润肠通便、补充营养、助消化，中医也说过，常吃竹笋有开胃消食、增强食欲的功效呢！

弹幕 9：相信主播！

主播："笋营养，齐分享"，春天来了就要吃点新鲜脆嫩的竹笋啊！买竹笋就认准咱们××家的好竹笋！爱吃竹笋的千万不要错过咱们直播间的活动哟！

弹幕 10：下单了！

…………

【互动误区提醒】

1. 主播在介绍竹笋口感时不要说自己的竹笋是最好吃的，也不要说自己的竹笋没有任何缺点，而是要让观众感受到主播的真诚和专业。

2. 主播在与观众互动时不要只说自己的想法，也不要说一些刻板或者套路的话，而是要根据观众的反馈和情绪，给出适当的赞美、鼓励、感谢、调侃等。

3. 关于竹笋的吃法和做法，主播要结合实物给观众介绍方法和技巧，不要只停留在口头干巴巴地讲解。

5.2.3　情景 57：朴实

【直播情景再现】

某农产品直播间正在热卖几款特产大米，这些大米产自××（地名），是纯天然大米，直播间的观众对于大米的品质和口感非常关注，一些观众比较喜欢听一些专业相关知识，主播小森正在向观众展示和介绍各种煮饭方法，证明自家的大米是真正的优质大米，同时也不断与观众互动，回答他们关于大米的营养、保质、食用等问题……

【直播弹幕分析】

1. 对于弹幕上关注大米品质问题的观众，其可能比较关注大米的品种和等级，主播可以多从专业角度解释自家的大米是如何种植、收割、加工、储存的，以及有哪些鉴别优劣的方法。

2. 对于弹幕上关注大米口感问题的观众,其可能比较关注自己或家人的喜好和体质,主播可以多介绍不同类型的大米都有哪些特点、适合哪些人群、有哪些煮饭方法等。

3. 主播要注意把握好节奏,要根据观众反馈调整话术,增加直播的互动性和趣味性。

💬【主播互动演练】

主播:大家好,欢迎来到小淼的农产品直播间,今天给大家带来的是咱们××(地名)最有名的纯天然大米!

弹幕 1:你们家的米是好米吗?

弹幕 2:米好吗?

主播:这里我先给大家看一下咱们家的稻田,大家请看主播身后,你们看这些稻子长势多喜人啊,主播我啊就是朴实的庄稼人,也讲不出来什么大道理,但是呢,咱家的大米都是咱们自己辛辛苦苦种的哟,如果有感兴趣的观众,可以来咱们家的稻田亲眼看看!

弹幕 3:主播真的会种水稻吗?

主播:水稻在种植前先要对种子进行筛选和消毒,选择优良的种子是收获好大米的关键!在水稻生长的过程中,咱们时刻要注意做好灌溉、施肥和防虫等工作,要保障水稻健康生长和发育!

主播:第三步是收割,我们要观察水稻的生长情况,确定恰当的收割时间。最后一步就是经过严格的挑选、晾晒、碾磨、包装等工序,保证咱家每一袋大米都是优质的!爱吃饭的人可谓是"宁可一日无肉,不可一日无饭",所以咱们要吃就吃咱们家这种好饭!

弹幕 4:看主播这个肤色,我相信是干农活干了很多年的!

弹幕 5:现在市面上的大米种类太多了,不知道咋选?

主播:×××你这个问题问得很好,现在市场上的大米种类确实挺多的,接下来主播就教教大家怎么选择优质好大米!

主播:你们看我手里拿的两袋大米,这一袋是咱们家的新米,另一袋是市面上常见的一种陈年老米。咱们家的是今年刚收的新米,白亮透明。老米颜色灰暗发黄。真正的好大米是在每年秋收后就包装销售的，而老米是在仓库里放了几年的，颜色就会不一样。

主播：而且啊，咱家新收的大米闻起来有一股淡淡的清香，而老米闻起来有一种霉酸味，这是因为咱家大米是刚经过自然阳光晾晒过的，而老米经年累月堆积，香气就会不一样。

弹幕6：想吃新米！

弹幕7：听着是不错。

主播：主播手里的这款大米吃起来有一种绵软香甜、回味无穷的感觉，特别适合做白米饭或者煮粥。每颗大米都富含稻香和营养，慢火煮出来的大米米粒饱满柔软，具有浓郁的米饭香味！

弹幕8：有没有什么优惠呢？

主播：犹豫迟疑就会错过咱们家的新米活动哟！现在大家可以点击下方弹出来的链接开抢啦！今天直播间只要××元，立享第二袋半价哟！

弹幕9：好大米卖这么划算！

主播：是的是的，"人生得意须尽欢，莫使金樽空对月"，吃饭就认准咱们××家的好大米！爱吃饭的千万不要错过咱们直播间的活动哟！

弹幕10：买咯！

…………

⚠ **【互动误区提醒】**

1. 主播的形象和话语都要朴实无华，不要在直播间起高调、装模作样，不要做一些不符合朴实形象的行为。

2. 主播以朴实形象和语言取信观众时，要提前储备农产品种植常识，不要不懂装懂，反被观众质疑。

3. 主播在介绍活动福利时要弱化营销节奏，不要显得唯利是图，要显示出庄稼人的真诚朴实。

▷▷ 5.3 以证取信

5.3.1 情景 58：证书

📺【直播情景再现】

某茶叶品牌直播间正在热卖几款苦荞茶，苦荞茶是一种富含多种营养成分的健康饮品，同时具有很多营养功效。主播小咪正在向观众介绍苦荞茶的一些卖点，同时也展示了苦荞茶的相关证书，证明自家的苦荞茶是真正纯天然无添加的优质产品，同时也不断与观众互动，回答他们关于苦荞茶的味道、功效、冲泡方法等问题……

🖥️【直播弹幕分析】

1. 对于弹幕上关注苦荞茶证书的观众，其可能比较关注苦荞茶的品质，主播可以多从品牌背景、产地来源、检测机构等方面向他们展示和介绍有哪些权威的证明和保障。

2. 主播在展示证书时可以给观众讲解证书的含义和作用，通过描述细节和数据来增加他们对产品的信任感。

3. 对于弹幕上关注苦荞茶味道问题的观众，其可能比较关注自己或家人的喜好和体质，主播可以多介绍不同品种的苦荞茶都有哪些特点、适合哪些人群、有哪些冲泡方法等。

💬【主播互动演练】

主播：大家好，欢迎来到咱们的直播间，今天给大家带来一款非常健康的饮品——苦荞茶！你们知道吗？苦荞茶是由苦荞麦制作而成，而苦荞麦自古以来被人们誉为"五谷之王"，是谷类作物中唯一集七大营养素于一身的作物，原产于中国西南地区高寒地带。

弹幕 1：没听说过啊。

弹幕 2：主播连这都知道啊！

弹幕 3：这个有什么好处吗？

主播：咱们这款苦荞茶是采用产自 ××（地名）的优质苦荞籽制作而成，××（地名）是海拔 3000 米以上的高寒地区，气候干燥，日照充足，土壤肥沃，没有任何污染！

主播：你们看我手里拿的这袋茶，这就是咱们家的苦荞茶，每一袋都有一个二维码标签，你们看我用手机扫一扫二维码就能看到咱们家的苦荞茶从种植、加工、检测、包装、运输到销售的全程信息！

弹幕 4：真高科技！

弹幕 5：这个能查真假吗？

主播：当然能查真假啊！咱们家的苦荞茶都是经过国家级权威机构——中国 ×× 院农产品质量安全检测中心严格检测和认证的！你们看我手里拿着的这张纸，这就是咱们家的苦荞茶检测报告！

主播：你们看这上面写着，咱们家的苦荞茶符合国家标准，无农药残留，无重金属，无添加剂，无任何有害物质！这就是咱家苦荞茶的质量保证！

弹幕 6：主播好专业啊！

弹幕 7：检测的和我们喝的是同一个产品吗？

主播：是的，咱们的产品会不断被相关机构抽检，出现任何问题都是会被处罚的，主播不敢拿这种事情开玩笑！

弹幕 8：什么时候的证书？

主播：咱们这个是年初刚检测的，大家可以看下这个证书的颁发日期，咱们都会定期按时更新检测结果的。

弹幕 9：口感味道怎么样？

主播：味道当然是非常好啦！咱们家的苦荞茶是采用了先进的低温烘焙技术，保留了苦荞籽的原汁原味，冲泡出来的茶汤是金黄色透明的，香气清雅，味道醇厚，有一点点的苦涩，但是很快就会变成甘甜，回味无穷！

弹幕 10：哈哈哈，我也想喝！

弹幕 11：这个对身体有啥好处吗？

主播：咱们家的苦荞茶不仅好喝，还有很多的健康功效哟！据《本草纲目》记载："苦荞茶有清热解毒、利尿通便、抗氧化、抗炎、抗菌、美容养颜等功效。"日常喝喝对咱们都很有好处的哟！

···········

⚠【互动误区提醒】

1. 如果有观众不理解证书的检测问题，主播不要用生硬的专业名词来解释来源和含义，可以适当先与他们互动，跟着他们的思路往下讲解。

2. 主播对于证书的展示不要过于频繁或者刻意，要适时适度地向观众进行展示和介绍，避免引起他们的反感。

3. 主播在展示证书时不要夸大或者虚假宣传，要保持真实和客观，不要使用不合法或者不合规的证书，避免触犯法律或者违反平台规则。

5.3.2　情景 59：证人

📺【直播情景再现】

某巧克力品牌直播间正在销售几款明星同款的巧克力，这些巧克力都是由国内外知名的巧克力制作师精心制作，口感细腻，香气浓郁，品种繁多，适合各种场合和大众口味。主播小漫正在向观众介绍巧克力的制作工艺、原料来源、营养价值等，同时也展示了一些明星的真人试吃视频，证明自家的巧克力是真正高品质、高颜值的产品，同步与观众互动，回答他们关于巧克力的搭配、保存、礼盒等问题……

🖥【直播弹幕分析】

1. 对于弹幕上关注明星同款巧克力的观众，其可能比较关注巧克力的品牌形象、口碑和影响力，主播可以向他们展示和介绍有哪些明星喜欢和推荐自家的巧克力。

2. 主播在展示明星试吃视频时，可以给观众讲解视频中的明星是谁、在什么场合、吃了什么口味的巧克力，通过描述细节和数据来增加观众对产品的信任感和购买欲。

3. 对于弹幕上关注巧克力口味问题的观众，其可能比较关注自己或家人的喜好，主播可以多介绍不同品种的巧克力都有哪些特点、适合哪些人群、送礼时有哪些搭配方法等。

💬【主播互动演练】

主播："如果我有仙女棒，变大变小变漂亮，还要变个都是漫画、巧克力和玩具的家"，家人们，大家对这首歌的歌词是不是很熟悉呀！欢迎各位来到咱们的直播间，今天给大家带来的就是这首歌里提到的——巧克力！你们知道吗？咱们家的巧克力可是很多明星都爱不释手的哟！

弹幕 1：真的吗？

弹幕 2：有哪些明星啊？

主播：当然是真的啦！你们看我手里拿着的这个屏幕，上面就是咱们家的官方微博，里面有很多明星都在晒咱们家的巧克力呢！比如说这个，你们看这个是不是我们国民女神 ×× 啊？她在微博上说："今天收到了一份很特别的礼物，是一盒精美的巧克力，每一颗都是不同的口味和形状，非常惊喜！我最喜欢这个榛子夹心的，香脆可口，一口一个停不下来！"

弹幕 3：哇，是我的女神诶！

弹幕 4：榛子夹心听起来好好吃！

主播：是呀，×× 可是咱们家的忠实粉丝呢！她喜欢的这个榛子夹心就是咱们家的经典款之一，由法国进口的优质黑巧克力和新鲜的榛子仁制成，每一颗都是手工制作，保证了巧克力的口感和品质！

主播：你们再看这个，这个是不是我们的国民男神 ××× 啊？他在微博上说："今天拍戏的时候收到了一份很甜的惊喜，是一盒很有创意的巧克力，每一颗巧克力都是不同的造型和颜色，我最喜欢这个草莓白巧克力，酸甜软糯！"

弹幕 5：哇，××× 都喜欢！

弹幕 6：草莓白巧克力听起来好好吃！

主播：好，家人们，我看到弹幕上有不少的问题，我现在一一给大家回答哟！

弹幕 7：主播，你们家的巧克力有多少种口味？

主播：咱们家的巧克力有 5 种口味，分别是黑巧克力、榛子夹心、草莓白巧克力、咖啡牛奶巧克力、薄荷黑巧克力，每一种都是由国内外知名的巧克力制作师精心制作，口感细腻，香气浓郁，大家可以根据自己的喜好来选择哟！

弹幕 8：这个巧克力怎么保存？

主播：咱们家巧克力的最佳储藏温度为 10 ~ 22℃，大家收到货之后要放在阴凉干燥的地方，不要放在阳光直射或者温度过高的地方，避免巧克力变质或者融化哟！

弹幕 9：有什么优惠吗？

主播：家人们，今天直播间满 100 立减 20 元，大家有喜欢的可以加入购物车一起下单哟！而且咱们还有一个超级福利，那就是只要你在直播间停留超过 10 分钟，就有机会获得我们送出的明星同款签名礼盒哟！这个礼盒里面有我们刚刚介绍过的明星喜欢的各种口味的巧克力，还有明星亲笔签名的卡片和照片哟！

弹幕 10：太棒了！

弹幕 11：我要参加！

…………

⚠ 【互动误区提醒】

1. 关于证人的选择，主播要注意其与产品的相关性和是否具有代表性，要邀请有一定知名度和影响力的明星或者专业人士，而不是随意找一些不认识的人或者自己的亲友。

2. 主播在展示证人时要注意语言表达和语气语调，要让观众感受到证人对产品的真挚和喜爱，而不是敷衍和夸张。

3. 关于 ×× 同款相关故事不可杜撰，主播在直播间引用的明星要尽量是能够在互联网上查询到的，且是有确切合作关系的。

5.3.3 情景 60：证据

▶ 【直播情景再现】

某食用油直播间正在销售几款花生油，这些花生油都是通过了国家食品检测机构严格的质量检测的，符合国家标准，无任何添加剂和污染物，保证了每一瓶油都是纯天然、健康、安全的。主播小花正在向观众介绍花生油的制作工艺、原料来源、营养价值等，同时也展示了一些检测报告和证书，证明自家的花生油是真正的高品质产品，同步与观众互动，回答他们关于花生油的烹饪、保存、礼盒等问题……

【直播弹幕分析】

1. 对于弹幕上关注花生油质量问题的观众，其可能比较关注花生油是否有添加剂、是否有污染物、是否符合国家标准等，主播可以多从检测报告和证书层面向观众展示和介绍有哪些权威机构对自家的花生油进行过检测和认证。

2. 主播在展示检测报告和证书时可以给观众讲解报告和证书中的关键数据和指标，通过描述细节和数据来增加观众对产品的信任感和购买欲。

3. 对于弹幕上关注花生油烹饪问题的观众，主播可以多向他们介绍不同品种的花生油有哪些特点、有哪些烹饪方法。

【主播互动演练】

主播："好油不在贵，关键要选对"！今天给大家带来一款非常美味又健康的食用油——咱们家的特级花生油！你们知道吗？咱们家的花生油可是通过了国家级权威食品检测机构的严格检测，保证了每一瓶油都是纯天然、无添加剂、无污染物的哟！

弹幕 1：真的吗？

弹幕 2：有什么证据吗？

主播：当然是真的啦！你们看我手里拿着的这个文件夹，这些是咱们家花生油所有的检测报告和证书呢！比如说这个，这个是由中国××协会颁发的《食品××认证证书》，这个证书表明咱们家的花生油在原料采购、加工制造、包装运输等各个环节都符合国家标准，没有任何食品安全隐患！

弹幕 3：这个还挺正规！

弹幕 4：那有没有检测添加剂啊？

主播：当然有啦！你们再看这个，这个是由国际权威的 ×× 检测机构出具的《食品添加剂检测报告》，这个报告显示在经过多项指标的检测后，咱家花生油全部合格，没有任何添加剂和污染物！

弹幕 5：这个还挺放心!

弹幕 6：那花生油有什么好处呢?

主播：花生油有很多好处呢! 其一，花生油是一种不饱和脂肪酸含量很高的食用油，可以降低血液中的胆固醇含量。其二，花生油富含维生素 E 和抗氧化物质，可以抗衰老、增强免疫力。其三，花生油含锌量较高，锌是人们日常必需的补充物。由此可见，花生油是一种非常健康的食用油哟!

弹幕 7：听起来不错!

弹幕 8：那怎么吃呢?

主播：咱们家的花生油由优质的花生仁经过低温榨取而成，保留了花生的原汁原味，香气浓郁，口感醇厚，大家可以根据自己的需求下单!

弹幕 9：看着好好吃!

弹幕 10：怎么搭配，做什么菜啊?

主播：咱们家的花生油可以做各种菜肴哟! 比如可以直接用来炒菜、煎饼、拌面等，保持食材的原汁原味;也可以搭配辣椒来做火锅、烧烤、凉拌等，增加食物的辣度和鲜度;还可以搭配葱、姜、蒜等来做炒饭、炒面、炒肉等，增加食物的香气和风味。

弹幕 11：证明会不会是造假的?

主播：仔细看下咱们这个证书编号和公章证明，大家可以去国家官网核实哟! 不存在造假、伪造!

弹幕 12：有优惠吗?

主播：当然有啦! 今天开始咱们家花生油的双十一预热活动，一瓶只要××元! 买两瓶打 9 折，买三瓶打 8 折!

弹幕 13：太棒了!

主播：咱们每一瓶包装上面都有一个溯源二维码，用手机轻轻一扫，就能立马查询到花生油的基础数据、营养价值、制作工艺等，一定让大家吃得更加放心!

············

⚠ 【互动误区提醒】

1. 主播在展示检测报告和证书时要保持真实和客观，不要使用不合法或者不合规的检测报告或者证书，避免触犯法律或者违反平台规则。

2. 主播在直播间要注意解释和说明检测报告和证书中的专业术语和指标，要让观众明白产品的质量标准和优势。

3. 主播在直播间要注意对比和分析检测报告和证书中的数据和信息，要让观众看到产品对比市场上其他品牌的产品的优越性，而不是只做一些片面或者不公正的评价。

▷▷ 5.4 建立信任经典语句与句式模板

5.4.1 建立信任经典语句

【经典语句 1】

电视广告从小看到大，直播口碑传遍千万家。

【经典语句 2】

每一瓶 ×× 矿泉水，都来自 ×× 山底，天然的，更健康！

【经典语句 3】

百年传承，匠心之作！历久弥新，假一赔十！

5.4.2 建立信任句式模板

1.____（观众昵称）家人你又来了，上次直播间听你说把产品介绍给朋友，朋友都说好，那是肯定的，我们品质是行业内的标杆。在这里也谢谢您，这位朋友，您要是再在本直播间下单，金额超过____元的话，直接减免____元！

2.____（对观众的称呼）们放心吧，直播间卖的都是咱家自己种出来的，大家看我后边这个园子，____（农产品简称）长势非常好，____（对观众的称呼）不放心可以来查，咱们农场在____（地址简称），同时我们都是给____（直播平台）交了消费者保证金的，如果产品不新鲜、劣质，我们会被封店封号，所以我们也不会做这样低级的傻事。

3. 今天凡是在____（直播间简称）下单的每一位家人，我们都是有送运费险的，包邮买包邮退，同时我们全国都有连锁店，____（特产简称）国货老品牌，所以值得信任，如果收到货，不是和主播说的一样的"退"，不是高品质的"退"，不好吃照样可以退，相当于给你们 7 天免费试吃的机会，退回来的运费都是由主播承担，所以你们没有任何可担心的。

第 6 章

异议怎么排

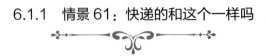

6.1 质疑产品

6.1.1 情景 61：快递的和这个一样吗

【直播情景再现】

某水果生鲜直播间正在热卖一款礼盒装苹果，主播小曦正在用尺子测量苹果的尺寸，向观众展示苹果的个头大小，直播间有不少观众针对苹果个头、口感和味道等进行提问，有人担心主播直播间展示的和实际到货的不一样，有人觉得发快递的不可能和主播量的一样准确，还有人质疑主播在虚假宣传。

【直播弹幕分析】

1.因主播用尺子测量苹果尺寸这一做法而停留的观众，他们大多是对主播的做法感到新奇，主播要抓住大众的兴趣点，提高品牌认知度。

2.直播间关注快递和实际到货不一致、测量不准确等问题的观众，其可能还是对直播带货这种方式存疑，主播可以多重复售后保障服务来打消他们的疑虑。

3.直播间有观众质疑主播虚假宣传，主播切莫因为他们的措辞影响到直播带货节奏，要调整好自身情绪，积极热情回应产品相关问题。

【主播互动演练】

主播：感谢所有已经下单的宝宝们对 ×× 牌苹果的认可，×× 牌苹果产自 ××（地名），它是来自黄土高原的馈赠哟！

弹幕1：刚下了两单了！

弹幕2：礼盒装可以送人吗！

弹幕3：一直听说这地儿苹果最正宗！

主播：是的，××（地名）的苹果确实是正宗的红苹果，天然健康种植，远离城市污染，而且咱们精选了 80、85 和 90 三种尺寸个头的苹果，大家看一下主播手上的尺子，这个圈圈对应就是八十毫米的尺寸，不到 80 压根进不去，85 和 90 都是分别对应的，每一颗果子都是饱满多汁、甜味十足的，大家根据自己的需求下单对应的尺寸就好咯！

弹幕 4：收到的和这个一样吗？

弹幕 5：你展示的和实际到货会不会不一致啊？

主播：宝宝们，主播把话就放这儿了，每笔订单都是按照你们下单的尺寸个头发货的，每一颗果子都是人工采摘后精心挑选和包装的，没到这个尺子圆圈尺寸标准的，压根就不会装进去！

弹幕 6：我觉得不一定会这么准。

弹幕 7：我买过，确实跟主播说的一样。

主播：谢谢 ×× 宝宝的肯定，主播确实说到做到，主播现在随机给大家拆开几箱看一看，来，运营，帮我去仓库随机拿几箱不一样尺寸的。

主播：主播现在拿的是 90 毫米的大果包装的，一箱十二个，每一个都给大家测量一下，仔细看是不是都超过 90 了！大家看这个最大的有 96 毫米了吧，主播不敢拿卖了十几年苹果的招牌和大家开玩笑！所见即所得，只有多的没有少的！

弹幕 8：虚假宣传吧？

主播：不存在的，×× 宝宝，老实人讲老实话，不存在说主播给你装模作样，给你弄虚作假哈。咱们直播间大家可以随意录屏录播，假一罚十好吧，发快递的果子都跟你们在直播间看到的品质一模一样！

弹幕 9：好好好！

弹幕 10：好吃就行。

主播：新鲜可口，咬一口你就能感觉到香甜得很，浓郁的苹果香扑面而来，打包票好吃啊！

…………

⚠ 【互动误区提醒】

1. 主播面对产品受到质疑时，可以通过随机抽检现场包装好的礼盒来进一步展示，通过随机性的测试来打消观众的顾虑。

2. 观众最关注的是买方和卖方的产品差距是否真的存在，主播不要机械式地重复产品卖点，要站在观众角度真诚解答。

3. 主播要提供能让观众信服自己的理由，同时要加强对品牌背书、售前售后服务等内容的强调，不要提供的理由无法自圆其说。

6.1.2　情景62：能有说的那些功效吗

▶【直播情景再现】

某滋养食品直播间正在热卖阿胶产品，主播小彤正一边展示阿胶产品的细节，一边向观众介绍今天的重磅来宾：中医药堂的林医生。直播间有不少对中医药学感兴趣的观众，大家一时间对阿胶究竟对人体有哪些好处充满了好奇，有的人询问阿胶的受众人群是哪些，有的人担心自己不适合补充阿胶的这些功效，更多的人是对阿胶产生的功效表示质疑，担心产品只是徒有其表。

💻【直播弹幕分析】

1. 因阿胶对人体有好处而停留的观众，说明他们对滋补和养生话题充满兴趣，主播要抓住他们的关注点，细致讲解阿胶的功效。

2. 担心自己不适合补充阿胶功效的观众，其可能对阿胶的成分、原料不太清楚，主播可结合制作工艺对阿胶适合的人群和吃法进行详细说明。

3. 对于质疑主播夸大阿胶功效的观众，主播可向其详细阐述阿胶中的微量元素，将产品的功效详细化、接地气地描述出来，打消观众的顾虑。

💬【主播互动演练】

主播：欢迎各位来到××阿胶品牌店，今天带大家揭开阿胶传千年的秘诀和原因，养生滋补，滋阴润燥，阿胶的好处说不完道不尽，各位看官听主播我细细道来哟！

弹幕1：确实听说阿胶很养生。

弹幕 2：具体是哪些人能吃啊？

主播：好，我看大家都非常期待，现在就给大家介绍一位来自中医药堂的林医生，大家听她来讲一讲咱们老祖宗的智慧！

林医生：谢谢大家，从中医角度来讲，阿胶是属于中药补品一类的，指的是驴皮慢慢熬制产生的胶状物，它主要具有补血止血、提高体质的功效，它里边含有非常丰富的矿物质和微量元素，对于气血虚弱者或者免疫力不高的人都是非常适合的。

弹幕 3：怎么知道自己能不能吃阿胶？

弹幕 4：驴皮能吃吗？

主播：好，让咱们共同谢谢林医生，大家的问题咱们挨个解答。阿胶是采用黑毛驴的整张驴皮熬制而成的，全国有 30 多个养驴示范基地，熬制工艺属于非物质文化遗产，像咱们想要增强免疫力、容易疲劳的朋友都是很适合吃这个阿胶来滋补的。

主播：如果是 14 岁以下的少年儿童，或者是孕妇和正在哺乳期的宝妈，那不建议您食用这个哟！

弹幕 5：真能有你说的那些功效吗？

林医生：阿胶和人参还有鹿茸并称为"中药三宝"，阿胶的重点其实在于补血，能够提升气血和滋阴润燥，而且在李时珍的《本草纲目》里，阿胶又被称为"圣药"，可见阿胶对我们身体的好处是经过历史验证过的。

弹幕 6：我怎么以前没听说过阿胶。

主播：家人们，没听说阿胶的很正常哈。世界这么大，奇妙的东西可不少！给大家看下这个是咱们非物质文化遗产的证书文件，这可是从老祖宗传承下来的好东西。

主播：阿胶里边主要含有明胶原、骨胶原、蛋白质及钙、钾、钠、镁、锌等多种营养元素，这些元素都是对人体非常有益的，人体缺少这些微量元素会出现免疫力低下、容易生病的毛病，阿胶补气养颜，实乃养生佳品。

弹幕 7：好好好！

弹幕 8：千年传承的好东西啊！

…………

⚠️ **【互动误区提醒】**

1. 主播在介绍功效内容时不要说一些晦涩难懂的专业名词，要尽可能地把对人体的好处具体化，接地气地表述出来。

2. 主播面对没听说过产品的观众质疑时不要着急解释来源和含义，可以适当先肯定他们的想法，跟着他们的思路顺理成章地往下讲解。

3. 主播不要只提功效、好处卖点而不提注意事项，滋补养生功效的产品一定要在直播间点明忌讳，比如对于儿童和孕妇等人群的注意事项，以及食用量多少更适宜等。

6.1.3 情景63：能和你说的一样好吗

▶️ **【直播情景再现】**

某食补产品直播间正在销售一款五谷薏仁粉，主播小纯一边展示薏仁粉的原料，一边介绍薏仁粉的烘制原理及其对人体的好处，直播间有不少观众对薏仁粉原料的特产地兴趣浓厚，有的观众询问会不会有添加剂，有的观众担心是不是真和主播说得一样好，有的观众好奇怎么吃、吃不对会浪费等。

🖥️ **【直播弹幕分析】**

1. 被薏仁粉的原料特产地和烘制手法吸引而停留的观众，其可能对传统手工艺制作的五谷食品很感兴趣，主播要紧抓特产优势和卖点进行讲解。

2. 担心有添加剂的观众可能对食品安全问题比较关注，主播要把配料表展示出来，将其不含的添加剂、污染物一一列举出来，打消他们的顾虑。

3. 质疑实物是否真和主播说得一样好的观众，说明他们对产品是不了解、不信任的，主播要在检测报告、品牌背书和产品优势等方面加强观众的认知。

💬 **【主播互动演练】**

主播："五谷薏仁粉，从此不做'湿'气人"，欢迎直播间的各位家人们，今天福气到、情义到，给大家带来一款天然原香现磨的五谷薏仁粉，让大家祛祛湿气祛祛寒！

弹幕 1：主播嘴皮子越来越厉害了。

弹幕 2：行吧，赶紧介绍。

主播：这款薏仁粉的原料取自 ××（地名）特产的纯天然小薏米，不是那种市面上普普通通常见的大薏米，原料不做任何的抛光，不做不健康的硫熏，全部是手工精挑细选出来的。原料清洗干净，通过传统工艺低温烘制，再用老石磨磨粉，保留最天然、最自然的原香。

弹幕 3：真有你说得这么好？

弹幕 4：真的假的？

主播：是的，咱们 ×× 品牌也是六十多年的老字号了，对原料的出处筛选严格，产品工艺制作上从不含糊，薏仁粉对于脾虚湿盛的人有祛湿的作用，还能健脾胃、消水肿，可以促进体内血液和水分的新陈代谢，经常泡水喝很有好处的哟！

主播：家人们，口说无凭，这个是年初刚拿到的检测报告，大家可以看下这个报告的颁发日期。薏仁粉里边含有丰富的维生素 B、糖类、氨基酸等物质，而且还富含钙、磷、钾、镁等研磨元素，全都是日常人体所需的营养元素呢！

弹幕 5：会不会有添加剂？

弹幕 6：纯天然吗？

主播：是的，你没说错，纯天然的，无任何添加剂，不加任何的色素、香精和防腐剂，只由纯自然的薏仁米原磨而成，健康的饮食是比其他任何药物和保健品都要可靠的！

弹幕 7：怎么吃？

弹幕 8：吃不对就浪费了。

主播：吃法是很多样的哟，大家买回家可以直接用 70℃左右的水冲泡饮用，量多量少看各自的口味哟！可以在里边适当加一些奶粉、蜂蜜做成薏仁米糊，放一些麦片味道也很不错！

弹幕 9：好好好！

主播：××（地名）好山好水出好薏仁，欢迎大家来 ××（地名）旅行，大家还有什么问题，主播没回答的可以多扣几遍哟！

············

⚠ 【互动误区提醒】

1.主播不要与直播间质疑真假问题的观众争辩，不要影响到其他正常观看直播的观众。

2.主播对质疑问题要直接且肯定地回应，不要避重就轻、含糊其词，要大胆、自信、专业地回复，表现出真诚的态度和品牌的底气。

3.质疑产品的好坏说明观众的认知是不够的，主播不要只停留在对表层问题的回答，而要由表及里地引导观众对品牌、对传统工艺、对特产进行深入了解。

▷▷ 6.2 质疑价格

6.2.1 情景64：为什么价格这么高

📺 【直播情景再现】

某滋补食品直播间正在热卖某地特产枸杞，主播小琳正在向观众展示和介绍枸杞的细节，一边讲解枸杞对人体的好处，一边示范枸杞的几种养生吃法，直播间的观众对枸杞的养生吃法兴趣十足，同时也有不少观众询问枸杞为什么贵，有的观众觉得价格太高了，有的观众觉得物有所值，有的观众担心枸杞颜色鲜红是染的……

🖥 【直播弹幕分析】

1.认为价格贵的观众，主播可从枸杞的品质和价格之间的关系向他们进行说明讲解，让他们深入了解工艺标准和原生果的品质。

2.认为枸杞价格物有所值的观众，其可能对枸杞的品质比较懂行，主播可以多与他们互动，营造直播间积极的互动氛围。

3.对于担心枸杞染色、有添加剂等问题的观众，其可能比较关注食品安全问题，主播应结合检测报告、权威认证报告等内容回应。

💬【主播互动演练】

主播：欢迎大家下午一点准时来咱们 ×× 直播间，主播今天给大家带来一款人气超高的养生好物：××（地名）枸杞！ ×× 牌枸杞产品截至昨天已经累计销售三十万斤啦！

弹幕 1：天，已经卖这么多了？

弹幕 2：看了链接，这个好贵啊！

弹幕 3：为什么价格会这么高？

主播：为什么咱们可以卖到这个价格，而且还能有口皆碑？因为 ×× 牌枸杞只选当季前 30% 又红又大的原生果，3 道工序精细筛选头茬枸杞，12 道生产工艺层层处理加工，全链条严苛的标准化操作，才能得到这么一小罐枸杞，每一颗枸杞果粒完整，外观干净修长。

主播：一分钱一分货，好的东西除了贵其他什么都好，便宜的东西除了便宜其他怎么样这个不言而喻了。大家可以看下这个是市面上常见普通的小果，而这个是我们家的品质枸杞，开封后就能闻到枸杞独特的清香，泡水非常清亮，不浑浊不掉屑，真的是肉眼可见的高品质！

弹幕 4：确实物有所值。

主播：×× 宝宝，一看你就是懂行的，咱们的选果工序和生产工艺标准就是为了确保每一颗枸杞都是地道且高品质的。

弹幕 5：这么红是染的吧？

主播：不存在给枸杞染色，咱家从不干这种缺德事儿，咱们不会加白矾或硫黄等其他东西熏染，也不添加任何的香精、色素和防腐剂等！

弹幕 6：听说枸杞都会用硫黄熏过。

主播：×× 宝宝，你的担心是对的，现在确实对吃的喝的上边要多加注意，给大家看一下，这个是经过国家标准认证的食品生产许可证书，这个是权威机构审核认证的报告，这个是上个月刚检测的检测报告，三证齐全，包括咱们原料 16 项元素检查和 33 项农药化学物质的检查，权威鉴定，给大家品质和信誉保障！

弹幕 7：这，确实专业。

主播：×× 牌枸杞一年四季都可以食用，可以用于泡茶、煲汤、煮粥，像经常熬夜加班的、经常看书学习或对着手机电脑工作游戏就是一整天的，都可以常吃枸杞，补肝明目、滋补肝肾！

弹幕 8：看着是挺好。

弹幕 9：下单了，早点发货！

…………

⚠️【互动误区提醒】

1. 当观众持续质疑价格贵时，主播不要纠结于价格数字上表面、浅显的解释，而要加强观众对制作工艺、生产标准和原料品质上的认知，说明产品的价值感。

2. 主播在对比普通小果和自家产品的时候不要提到对方的品牌名或能让人联想到的化名，不要拉踩和抹黑其他品牌。

3. 主播通过暗示便宜货的痛点来加强观众对产品的认知，从而在对比和具象化的描述中突出品质和价值感。

6.2.2 情景 65：为什么别人的便宜

▶️【直播情景再现】

某熟食产品直播间正在热卖几款肉干肉脯，主播小梦正在向观众详细讲解牛肉干的原料来源和口感味道等，偶尔会有一些观众在弹幕提问，刚开播时观众比较关注今天的产品是否有优惠券，有的观众听到价格介绍后质疑主播所推的产品比其他某品牌的价格贵太多，有的观众说自己之前买的肉干比主播家便宜，一时间弹幕上对牛肉干价格的讨论非常激烈……

🖥️【直播弹幕分析】

1. 关注优惠券的观众可能经常在直播间购买商品，其比较熟悉下单流程，主播在介绍产品的同时要关注这部分人的需求，及时与其互动。

2. 比价的观众、认为主播所推的产品比其他某品牌贵太多的观众，他们可能对肉干价格比较敏感，主播可以通过换算平均克重的价格来打消他们的疑虑。

💬【主播互动演练】

主播：欢迎 ××× 宝宝进入我的直播间，我看到这位宝宝的名字这么有创意，是不是有什么有趣的含义或者小故事呀，主播小梦刚开播，先跟大家闲聊几句哟！

弹幕 1：主播今天好漂亮！

弹幕 2：卖啥卖啥？

主播：宝宝们，今天给大家带来一款非常好吃的牛肉干，地地道道的温州风味美食，精选牛大腿大片整切的牛肉和果木混合，自然风干好滋味！

弹幕 3：啥时候有券？

主播：已经这么多宝宝在期待啦，主播马上给大家介绍今天的福利价格和优惠券，今天给大家带来惊喜回馈价 ×× 元，左下角领券下单，让大家用不到 ×× 元价格就能享受到瘦而不柴、货真价实的好牛肉干！

弹幕 4：这比 ×× 家的也贵太多了吧？

弹幕 5：我感觉我之前买的都比这个便宜。

主播：×× 宝宝，你说的某某家咱们确实不太了解哈。大家可以根据自己的口味来选择好吃的牛肉干，没吃过咱家的今天可以尝试下哟！

主播：大家可以看一下咱们的包装克重，其实换算下来每 500 克才 ×× 元，咱们今天做的是大克重、家庭分享包的活动，所以大家可能觉得一大包有点贵了是不是？

主播：还有啊，咱们家的牛肉不仅保持了肉质本身的鲜香还选用了十几种名贵香辛料腌制，在香料的加持下肉干的口感风味吃了唇齿留香，一吃就停不下来，吃了还想吃！

弹幕 6：为什么别人的便宜？

主播：家人们，咱家的牛肉干是由货真价实的牛后腿肉风干制成的，不存在合成肉、拼接肉，不含任何的添加剂、防腐剂。

主播：×× 宝宝，咱们不跟其他家比价格，也不比那些虚头巴脑的外包装啥的，咱们只跟其他家比品质、比健康，咱们卖的都是回头客！

弹幕 7：买过他家，肉质确实好。

主播：×××，感谢老顾客的支持哈！咱家味道和品质这一块绝对不会输！

弹幕 8：好好好！

主播：咱们这个牛肉干可以上班吃、追剧吃、野餐吃、健身吃，随时随地想吃就吃，美味和健康与你们同在哟！

弹幕9：我冲了！

…………

⚠ 【互动误区提醒】

1. 主播要善于转移话题，当有观众直接用其他品牌价格质疑直播间所推产品贵时，主播不要直接用所推产品与其他品牌进行对比或评价其他品牌，以避免不好的舆论影响。

2. 主播可以通过点名法表达对观众问题的关注和重视，但不要对问题含糊其词，要自信、大方应对质疑。

3. 观众关注更多的是整体的价格数字，主播可以通过换算平均克重的价格来打消观众的顾虑，巧妙引导观众下单。

▷▷ 6.3 质疑数据

6.3.1 情景 66：你数据从哪来的

📺 【直播情景再现】

某生鲜水果直播间正在热卖一些当季热门水果，主播小晶正在为观众热情介绍一款近期卖得非常火爆的火龙果，同时还在火龙果的旁边放置了一个非常醒目的牌子，上面写着"热销 20 万 + 单""好评率高达 ××%""回购率超过了 80%""排名前 × 名"，她正一一拿起向观众介绍，一时间公屏上也出现了很多疑问，有的观众问数据从哪里来的，有的观众质疑数据造假，有的观众不相信主播说的这些数据……

🖥【直播弹幕分析】

1.在市场上设直播间卖火龙果的非常多，市场直播数据更新也比较快，主播在直播间展示的数据一定要及时检查和更新。

2.询问数据来源和质疑数据造假的观众可能是经常浏览直播间，主播要给他们讲解清楚数据的明细，打消其顾虑。

3.观众对数据有质疑属于直播常见现象，主播看到应该积极正向地进行引导，趁机多与他们互动，以活跃直播间的气氛。

💬【主播互动演练】

主播：家人们，今天 5 号链接的火龙果真的是我们家最近卖得非常火爆的一款应季水果啦，目前已经有了 20 万＋销量！

弹幕 1：卖这么多了？

主播：这一款的好评率达到了 98%，回购率超过了 80%，而且在生鲜水果这个系列排名已经到了前 3 名啦，可以说是闭眼下单，绝不会错！

弹幕 2：真的假的？

弹幕 3：你数据哪里来的？

主播：大家放心，关于咱们这个牌子上的数据，每一项都是有凭有据、有数据源头可查的！大家可以在下方的 5 号链接里边点开看，销量、评价、回购率数据一清二楚，现在大家到平台首页搜火龙果，排名前 3 肯定有咱这个链接哟！

弹幕 4：确实有。

主播：我看到 ××× 家人已经去看过了，真金不怕火炼，咱们所有数据一目了然哟！

弹幕 5：你这该不是造假的数据吧。

弹幕 6：我听说有些数据是可以找人刷出来的！

主播：家人们，咱们家的数据绝对真实、绝对可靠，大家也都知道 ×× 平台是一个非常严格的平台，如果有你们说的那些行为，官方处罚是非常严格的，轻则罚款，严重的可是要封店处理的，咱们这个卖了五年的小店可不敢冒险做这种事儿！

弹幕 7：我买过，反正是好吃的！

主播：谢谢 ×× 家人的捧场，咱家做生鲜做水果做的都是回头客，再说了，20 万＋的销量就摆在这里了，咱怎么弄数据也弄不了这么多啊！

弹幕 8：确实，我还没听说谁能刷这么多的。

弹幕 9：买了，不好吃退你。

主播：不好吃，直接退，每一箱火龙果主播都免费送大家一个试吃好不好！

弹幕 10：好好好！

弹幕 11：主播大气！

…………

⚠️ 【互动误区提醒】

1. 主播用数据吸引观众观看时不要大量使用他们听不懂的数据，而要用简明易懂的数据指标说服观众，所用数据要直观且容易查询验证。

2. 主播要及时根据平台和市场的数据变化进行调整，不能在与观众互动时将数据及排名等说错，尤其是涉及一些专业性数据，更要提前熟悉。

3. 主播绝对不能虚构数据，不能对数据造假，应对平台的处罚规则一清二楚，不要不懂装懂影响到直播的后续进程。

6.3.2　情景 67：含量有那么高吗

🖥️ 【直播情景再现】

某水果直播间正在热卖一款热带水果，主播小菲正一边试吃芒果一边向观众介绍芒果的营养成分和各种含量数据等内容，直播间有不少观众与主播积极互动，有的观众询问糖分含量是否真的有这么高，有的观众质疑含量不准确，有的观众询问到货之后的芒果含量是否和主播手上的芒果含量一样……

🖥️ 【直播弹幕分析】

1. 对于质疑数据真实性的观众，主播要拿出专业检测数据有理有据地向他们解释。

2. 对于询问到货之后的芒果含量是否和主播手上的芒果具有一样含量的观众，说明他们已经对直播间的芒果有下单的欲望了，只是还有担忧，主播可以结合售后保障，打消其顾虑。

💬【主播互动演练】

主播：香甜多汁贵妃芒，选芒果就认准 ××！咱们家这个芒果是甜而不腻的，因为产地在海南，属于热带地区，在这种环境下生长出来的芒果呢，第一个糖分含量高，高达 15%；第二个水分很充足，含水量高达 80%；第三个，果树的出肉率高，达到 90% 的出肉率啊！

弹幕 1：这糖分是真高啊！

弹幕 2：糖分含量能有这么多？

弹幕 3：糖分含量能有这么准确？

主播：其实芒果属于高糖水果，咱们这个基本超过了 15% 的含糖量，这个是第三方专业检测机构对咱们农场的芒果进行糖分抽检的结果，检测分批次进行三轮，咱们芒果的每一轮检测含糖量都在 15% 以上哟！

弹幕 4：买回家的能和你这儿的含量一样吗？

弹幕 5：我就要含量这么高的，主播给我备注下。

主播：家人们，主播在这里保证，你们无论谁在直播间下单的，都是含糖量超 15% 的，跟主播手里的一样，跟我们检测过的也一样！

主播：×× 家人，这一箱里面但凡有一个不甜的或不新鲜的，你都可以给主播退回来！

弹幕 6：好，我刚下单了。

弹幕 7：你们那个出肉率是啥？

主播：芒果的出肉率越高，芒果果肉占芒果总重量的比例就会越高，大家吃到嘴里的果肉也越多哟，咱们的芒果都是 90% 的出肉率，足斤足两，好吃到吃了还想吃、买了还想买！

弹幕 8：搞这么专业！

弹幕 9：听主播这么介绍，我就放心多了。

主播：让主播看看，直播间还有谁能抵挡得住咱家这个芒果的诱惑呀！金灿灿、鼓囊囊的，光是这么看着就口水横流！还没下单的家人们抓紧时间冲哟！

弹幕 10：冲冲冲！

…………

⚠️ 【互动误区提醒】

1. 主播在介绍水果的含量时一定要做到准确无误,不要在一些水果含量的专业术语问题上误导观众。

2. 主播不要自顾自地一直介绍含量的多少,而要引导观众尽快下单购买,不要消耗他们的耐心值。

3. 对于有一些一直在弹幕上刷屏质疑含量是否足,甚至打乱直播节奏的观众,主播不要过多理会,但也不能完全忽视,可请直播助理根据平台规则对其进行禁言、拉黑等处理。

▷▷ 6.4 质疑事实

6.4.1 情景 68:都是这个地域的

📺 【直播情景再现】

某乳品饮料直播间正在销售几款酸奶,主播小柠正在向观众介绍镇店爆款酸奶,同时给观众普及酸奶的制作工艺,小柠告诉观众自家的酸奶都是由某地大牧场特产的牛奶制成的,弹幕上有一些观众对小柠直播间展示的大牧场的规模表示羡慕,有观众觉得主播的背景有些虚假,像是技术合成的,有观众说自己住这里之前没听说过这里有酸奶,有观众说自己昨天在直播间下单的发货地址也不是这里……

🖥️ 【直播弹幕分析】

1. 质疑直播背景虚假的观众,其可能很少看到天然牧场的实景,可能之前不太了解奶牛养殖的环境。

2. 对于说自己住这里没听说过这里有酸奶的观众,主播可以给他们列举当地的一些地名和如何到达牧场地址来进行佐证。

3. 质疑发货地域的观众,主播要与他们持续互动,通过问清楚他们下单的具体是哪一款，对症下药地解决问题。

💬【主播互动演练】

主播：一碗老酸奶，梦回×××，欢迎大家来到××直播间，今天主播给大家带来一款既好喝又营养的酸奶！

弹幕 1：可以可以。

弹幕 2：我爱喝酸奶。

主播：咱们这个酸奶的原产地就是主播身后的天然大牧场，北纬45°~50°，黄金奶源带，得天独厚的地理环境造就好酸奶！

主播：咱们的酸奶是用生牛乳发酵，乳酸菌被融入新鲜牛奶之中，随着时间的推移，生牛乳就变成了酸酸甜甜的酸奶，今天是镇店爆款福利价，直播间只要××元！

弹幕 3：我之前住这里，也没听说这附近有牧场啊？

弹幕 4：你这背景也看着好假，是不是合成的啊。

主播：家人们，很高兴你们来直播间，咱们这个牧场（具体位置在××自治区××县境内的××乡，距离××县城约××公里，交通便利），有车的家人们可以自驾来看看咱们天然大牧场的好风光！

主播：××你说你之前住这里，会不会是你之前在这边住的时候没逛到过咱家的牧场呢？咱们牧场可是有二十多年了哟，咱家都是本地人，一直以养牛为生呢！

主播：我看到有家人说主播后边背景看着好假，哈哈，青草地绿油油的牧场看着是不是很清新，但主播告诉你，你们来到实地会比在屏幕前感觉更假更好看，因为啊，咱们这个天蓝得跟油画一样，青草绿地都是大自然的馈赠，美不胜收！欢迎你们来到美丽大草原！

弹幕 5：信主播的！

弹幕 6：买个酸奶还看这么多笑话，哈哈哈。

弹幕 7：我昨儿下单的好像不是你们这发货啊？

主播：××你昨天是买的哪一款呀？

弹幕 8：我买的 3 号链接的，发货好像也不是你们这儿啊？

主播：3 号链接的酸奶在全国有三个大仓，避免大家等太久，所以给你们安排就近发货，但是你们放心，所有酸奶都是这个地域的，都是在咱们这个地方生产的品质好酸奶！

主播：还有谁的疑问没回答的，主播没有不理哦，弹幕刷得太快啦，咱们直播间人气可太旺了！大家抓紧下单，以免错过这次机会。

弹幕 9：还等什么，快上链接！

主播：好嘞好嘞，马上上链接，运营听我口令，六号链接，倒数三个数，3、2、1，上链接！

弹幕 10：抢到了！

…………

⚠️【互动误区提醒】

1. 主播不要直接否认观众的质疑，而要通过循序渐进的方式引导他们互动，弄清楚他们的下单链接和发货地域，再进行针对性的回答。

2. 对事实质疑说明观众都在认真观看直播，主播不要觉得回答这些问题浪费时间，要用事实佐证，不要怕、要自信。

3. 主播要善于引导观众的思路，其质疑直播背景地域，主播不仅不能生气，还要大度邀请他们来游玩，在直播间展示主播的格局。

6.4.2 情景 69：不相信那个比较

▶【直播情景再现】

某干货直播间正在销售爆款干香菇，主播小咏一边向观众介绍自家干香菇的优势卖点，一边拿出普通干香菇泡水后和自家的香菇进行对比，当看到主播的对比操作后，有不少观众对好香菇立马有了下单需求，比较关注香菇的口感、吃法、发货时间等；而有一些观众则对主播的展示有了疑问：有的不相信主播的比较，认为发货后也会存在这种问题，有的甚至让主播直接说出对比品牌的名字，小咏对公屏上的各式问题一一进行了回复。

🖥️【直播弹幕分析】

1. 直播间被干香菇特产吸引的观众，其应该是对干香菇的营养、吃法比较感兴趣，主播要设计有特色的讲解技巧留住他们。

2. 对于质疑干香菇对比效果和担心发货不一致问题的观众，主播可以向他们承诺售后服务保障，打消其顾虑。

3. 对于要求主播说出对比品牌名字的观众，主播切忌被弹幕带节奏，要适当解释但不要说出对方名字，避免不良舆论影响。

💬【主播互动演练】

主播：五湖四海的朋友们，大家晚上好，时值立秋，秋高气爽，在这个收获的季节里，我们迎来了农产品大丰收的直播，今天给大家带来一款特产干货——香菇！

弹幕1：第一次听说干香菇？

弹幕2：干香菇咋吃？

主播：且听主播为大家介绍干香菇的营养价值和好吃做法哟！干香菇里面富含多种维生素、多糖以及精氨酸等营养物质，经常吃可以增强身体的抗病能力！

主播：咱们家这个干香菇肉质肥厚，菇香浓郁，大家可以像主播这样用清水把它泡软并洗干净，然后用它来炖鸡汤，或者和鲜肉爆炒，抑或剁成馅料包饺子都非常鲜香！

弹幕3：听着就鲜美。

主播：大家可以看下咱们家香菇泡水变软之后肉质厚实，完完整整，里里外外都是肥肥厚厚，而普通香菇泡水后还没有咱家泡水前的个头大，你们看这个泡完还掉屑，所以大家买特产干货一定要认准高品质、老品牌！

弹幕4：你这个比较，我咋不信呢？

主播：××宝宝，你是不是来得晚，没看到主播的操作，来，现在大家点赞到5000赞，主播再给你们开一包咱家新的包装和一包普通的，重新泡给大家看对比！

弹幕5：你发过来的肯定不一样！

主播：家人们，主播把话放这儿了，我发过去的绝对绝对跟你们在直播间看到的一模一样，都一样的大个头，新鲜肥美！谁到货不一样的，你们顺着网线把它扔主播脸上！

弹幕6：你跟哪一家的比较的？

弹幕7：你说说你对比的品牌是哪一个？

主播：家人们，咱家要做就做最好，要争就争第一，咱们家干香菇的品质绝对杠杠的，至于这个普通香菇的牌子，咱家老实人也不好说谁家，大家需要的就在咱家买，不需要的咱们就在直播间唠唠嗑，来的都是朋友！

弹幕8：多少钱？

弹幕9：怎么还不上链接！

主播：好，我看大家好像都没什么问题啦！咱们今天一包不要××，也不要××，只要××元！

主播：真香飘千里，好吃不虚传！干货香菇认准咱家，××香菇干货老品牌！

弹幕10：来咯来咯！

弹幕11：没吃过，买了！

…………

⚠️ **【互动误区提醒】**

1. 主播不要在直播间拉踩其他品牌，不要直接说出其他品牌的名字，避免涉及不正当竞争，被平台处罚。

2. 质疑和不相信比较的观众，主播不用立马给他们重新演示，可以适当引导他们点赞、关注及互动，多增加直播间人气后再进行演示。

3. 主播设计的产品比较方式不要太复杂，要让观众一眼就能看懂区别，看懂卖点。

▷▷ 6.5 直面异议经典语句与句式模板

6.5.1 直面异议经典语句

📖【经典语句1】

不上电视不上报，宣传产品全靠自己做介绍！挑一挑，尝一尝，一吃就包你满意！

📖【经典语句2】

你放心地买，大胆地试，我的水果品质个个有保证！说得美，夸得大，不如让事实来说话！

📖【经典语句3】

金杯银杯，不如你们的口碑！

6.5.2 直面异议句式模板

1.____（用户昵称）姐 / 哥，我理解您的心情，担心买贵、上当、吃亏、不划算，但是主播要告诉你，真的不要在乎____（产品简称）贵不贵，更多的是要在乎它的营养价值，贵的东西除了贵以外哪哪都好，便宜的东西除了便宜其他哪都是毛病，有些东西啊，您越想省钱，其实就越费钱，您说对吗？

2.（主动跟黑粉打招呼）____（用户昵称），这是你今天第____（次数）次来到我的直播间了，主播还是要表示谢谢的哟。虽然____（用户昵称）骂我，一直质疑咱们的____（产品简称），但是一直留在咱们直播间，说明还是喜欢主播我的，还是欣赏咱家品牌的，咱们来者是客，大家对____（产品简称）还有啥疑问都可以畅所欲言，主播知无不言、言无不尽！

3. 主播看到好多宝宝都吃过类似的，大家提到的____（品牌简称）品牌，我也听说过，跟主播今天推荐的____（品牌简称）品牌一样，都非常好吃且物美价廉。但是这两个品牌之间也有些许的差别，比如我们这款产品的口味会有些不同，____（营养元素）含量也没有那么高，我们减少了____（营养元素）成分，增加了____（营养元素）成分，这都是为了从健康出发、从食品安全出发！

第 7 章

下单怎么催

7.1 真诚催促

7.1.1 情景70：尝一下

【直播情景再现】

某水果直播间正在进行一场鸭梨专场，主播小芽正在向观众介绍一款来自××省××市的特产鸭梨，这款鸭梨香甜可口，肉厚汁多，是当季的水果佳品。观众对于这款鸭梨的外观和产地都表示认可，但是对于鸭梨的口感和味道还有些犹豫，纷纷表示不敢轻易在直播间下单，害怕买到品质不好的水果。小芽直面观众最担心的口感问题，先是表演了一手削鸭梨皮不断的绝技，再通过现场试吃的方法获取观众的信任，并不断通过真诚的语言来赢得观众的好感，最终不少观众被小芽打动，在直播间下单了。

【直播弹幕分析】

1. 观众没有特别在意鸭梨的外观和产地，是因为这些信息是可以通过图片和文字来了解的，不是决定购买的关键因素。

2. 观众特别在意鸭梨的口感和味道，这是因为"好吃"是观众的痛点，当然也是一款好的水果最核心的卖点。

3. 观众会被现场削皮、试吃等行为打动，是因为只要合理操作，这些行为可以产生很好的直播效果，小芽在进行削皮和试吃时可适当让面部表情和肢体动作夸张一些。

【主播互动演练】

主播：家人们！产自××（地名）的优质特产鸭梨限时促销中哦！××的

鸭梨，你们知道吧？这是全国有名的鸭梨！那边有句话，叫作"山好水好农产好，美食美客美味来！"这款鸭梨啊，外形圆润，皮薄肉厚，汁多甜脆，我绝不允许大家错过它！

弹幕 1：看起来倒是不错。

弹幕 2：那边鸭梨我倒是听说过，应该不错！

弹幕 3：就是不知道主播说的这个是不是真的 ×× 鸭梨，也不知道口感咋样？

主播：这口感啊，大家只有买回去尝一尝才知道呀，对不对，不过为了让大家放心，小芽先替大家尝一尝！

主播：大家看好了，小芽先给大家表演个"绝活"，大家看，我现在给鸭梨削皮，我保证，我一次削到底，皮绝对不会断！

弹幕 4：我咋不信呢？你削完一个皮不断我当场下单！

主播：那就来看看吧！

（主播展示削皮"绝活"中）

弹幕 5：哇，真的没断！

弹幕 6：小芽太强了！

主播：怎么样，厉害吧，我可是练了好久了，不过提醒大家哦，其实大家平时吃鸭梨的时候洗干净就可以了，不一定要削皮的，表皮里也有很多营养物质的！

主播：大家再看，鸭梨削皮前黄澄澄的，这削完皮的鸭梨晶莹剔透，像个夜明珠一样！俗话说得好，"凉风有信，梨熟知秋"，这鸭梨啊，就适合秋天吃！我先来一口，嗯……这鸭梨！清新爽口，咬一口像喝了一碗用甘泉冲出来的甜水！大家看我嘴角，汁水都流出来了，不好意思我擦一下，真不是小芽不注意卫生，这鸭梨水分真的好充足！而且很甜，但又不腻，是很清爽的口感。

弹幕 7：真有那么好吃？

弹幕 8：我看主播吃，我也想吃了！

主播：家人们，想吃就买一点回去尝一下。我告诉大家，这鸭梨之所以这么好吃，还是产地的原因，××（地名）那边不管是土质还是气候都特别适合鸭梨生长，可谓是"生态山水美如画，绿色农产香天下！"在那边还有"不爱××（地名）非好汉，××（地名）鸭梨金不换"的说法，今天小芽给大家试吃了一下，确实是"金不换"的水平！

弹幕 9：不错不错，我先买点试试。

弹幕 10：我以前吃过那边的鸭梨，今天再在你这买点试试。

主播：对对对，买回去尝一尝再说！这样才能体会到这鸭梨的真正魅力啊！这样吧，我看有的观众还在观望，不敢尝试，那小芽就送大家一个福利！大家在我说开始后的 30 分钟内下单的，鸭梨买一箱送一提！一箱 36 个，一提 12 个，还等什么，买回去尝一下吧，鸭梨不贵，买不了吃亏，买不了上当，买个愉悦心情，买个唇齿留香，买个绿色健康！

…………

⚠️ **【互动误区提醒】**

1. 主播进行现场试吃时可适当把动作做得夸张一些，但总体还是要注意卫生和礼仪，同时还要注意不能浪费食物。

2. 主播在试吃时不要只顾自己吃，要一直用真诚的语言描述鸭梨的口感，不要让观众没有参与感。

3. 主播若有福利环节，不要一开始就告知观众，当试吃行为结束，真诚地讲解到一定程度后，观众的下单防线刚要被突破时趁机抛出福利，会最大限度地吸引观众下单。

7.1.2　情景 71：买一回

▶️ **【直播情景再现】**

某农产品直播间内主播小白正在向观众介绍一批腊肉，小白一边给观众展示着腊肉的包装，一边介绍着腊肉的制作过程和食用方法。随着直播流程的推进，直播间观众逐渐增多，不少观众对腊肉表示好奇，很多观众对腊肉的口感、咸度、包装方式等内容感兴趣。当然，也有一些质疑的声音，有些观众没有吃过腊肉，质疑腊肉经过烟熏处理后是否健康；也有些观众认为腊肉不是新鲜肉，在变成腊肉之前的肉质无法保证。小白一一回答了观众的问题，过程中小白举止得体，表情真诚，语言亲切，赢得了观众的好感，直播间销量也很可观。

🖥 【直播弹幕分析】

1. 不少观众对腊肉味道尤其是咸度感兴趣，说明他们吃过腊肉，知道腊肉一般偏咸，主播可借机说明一下腊肉的制作原理，再告诉观众腊肉的咸度。

2. 观众质疑腊肉是否健康，对此，主播可从事实出发，举出真实的例子来说明情况。

3. 观众关注腊肉的口感、价格、包装等信息是正常现象，主播看到此类弹幕时，根据实际情况说明清楚即可。

💬 【主播互动演练】

主播：好了，家人们，刚才已经介绍过腊肉的制作工艺了，大家还有什么不明白的吗？小白提醒大家，今天腊肉库存不多，要下单的抓紧哦！该出手时就出手，主播下播就没有！

弹幕1：还没吃过腊肉，这又熏又晒的，还能吃吗？

弹幕2：对啊，烟熏的东西不太健康吧？

弹幕3：制作的时候放那么多盐，不咸？

弹幕4：不知道的别瞎说，腊肉放盐和烟熏都是为了延长保存时间！

弹幕5：我老家××的，年年都做腊肉，咋就不健康了？

主播：好啦好啦，大家别吵了，其实腊肉就和大家常见的火腿还有国外的培根一样，是一种特别处理过的肉呀，大家不要被制作工艺吓到了，在我国的××省和××省，几乎家家都会吃腊肉的，北方也有熏肉，和腊肉是差不多的制作工艺，大家放心好了。

主播：当然了，腊肉的制作工艺导致它在健康方面比不上一些绿色纯天然的食品，但是腊肉又不是当饭吃对不对，吃腊肉就是吃个风味，大家适度食用安全有保障的腊肉，是不会有问题的！

弹幕6：可是腊肉要怎么吃呢？这么多盐，是要先洗一下吗？

弹幕7：直接炒呗，还能咋吃。

主播：家人们，咱们家卖的腊肉没有那么咸，但还是建议大家食用前先洗干净，再进行焯水处理哦。把一整块腊肉放锅里焯水就好，就像做回锅肉一样，这样不仅能先把腊肉煮个半熟，还能去除很多盐分和杂质，等焯完水放凉后，再切成想要的形状，拿去炒菜、煮汤都可以的哦。

弹幕8：主播主播，腊肉和什么炒最好吃？

主播：哈哈，那可多了，最常见的比如炒青椒、炒蒜苗、炒土豆、炒豆角等都是可以的哦，买了腊排骨的话，放些火锅底料，做个腊排骨火锅也不错！

弹幕9：哇！听着好诱人！

弹幕10：确实，我从小吃腊肉的，现在不在老家了，我要买点！

主播：各位家人，不管是新朋友还是老朋友，小白都推荐大家买一回这个腊肉哦，小白自己也吃了，真的特别香！我说好不算好，亲身体验才算好！买一回，试一试，一试就包你满意！

…………

⚠ 【互动误区提醒】

1. 主播要提前了解腊肉的制作工艺和食用方法，不能在直播过程中回答不上观众提出的相关问题，显得不专业。

2. 主播介绍腊肉食用方法时要注意多样化、创新性，不要只介绍常见的做法，要尝试给观众提供一些新颖、有趣、实用的食用方法。

3. 面对观众提出的腊肉是否健康方面的质疑，主播不能自乱阵脚，要有理有据，用事实说话，多举例子，做好解释，但注意解释时不能胡编乱造。

7.1.3　情景72：送一次

▶ 【直播情景再现】

某辣酱品牌官方直播间正在热卖一款新品牛肉酱，主播小吉开播后现场打开了一瓶牛肉酱拌上了一碗白米饭，一边美滋滋地吃着牛肉酱拌饭，一边给观众介绍着牛肉酱的各项优点。由于直播间运营时间久，品牌知名度也很高，因此直播间很快有很多观众涌入，纷纷询问新品的口味及价格，小吉一边吃着牛肉酱拌饭一边回答着观众的问题，这种边吃边聊的方式拉近了和观众的距离，也让观众更加好奇牛肉酱的口感。见直播间人数不断增加，为提升新品的知名度和销量，小吉向观众介绍起了本场福利，这更是引得观众的一片叫好，纷纷下单购买新品牛肉酱。

【直播弹幕分析】

1. 由于直播间知名度较高，因此会有很多慕名而来的观众，主播要采取一些方法抓住这些新观众。

2. 许多观众被主播边吃边聊的方式吸引，主播要利用好这一点，尽量让边吃边聊显得自然，表现出"我连直播都离不开这款牛肉酱"的感觉。

3. 观众关于牛肉酱口感、价格、包装等方面的问题每场直播都会有，属于常规问题，主播不能忽略，要清晰明确地进行介绍。由于是新品，主播还可结合品牌故事、品牌理念等进行说明。

【主播互动演练】

主播：欢迎各位新朋友进入直播间！嗯（吃一口牛肉酱拌饭）……咱们接着说啊，这个新品牛肉酱吃起来是一个咸鲜微辣的口味，你看我，就配了一碗白米饭，但吃起来可香了！

弹幕 1：上次买的烧椒酱不错。

弹幕 2：辣不辣啊？主播。

主播：我不算能吃辣的，我吃这个牛肉酱有一点点辣，但完全可以接受，反而因为这一点点辣显得更开胃了。大家不用担心辣度，因为我们特意贴心地推出了微辣款、中辣款和爆辣款，刚才我吃的就是中辣款，大家要是不太能吃辣，那就选微辣款，要是无辣不欢，就买爆辣款！

弹幕 3：看着真不错。

弹幕 4：×××（辣酱品牌）牌的辣酱是我的最爱，我无条件支持！

主播：谢谢大家的支持（继续扒饭），你们这么支持，小吉我也不能没表示是不是，今天为了庆祝新品上市，小吉给大家送福利！

弹幕 5：666！

弹幕 6：不错，小吉这人能处，有福利他是真送啊（网络流行语）！

主播：哈哈，那当然了，小吉什么时候忽悠过大家，今天小吉特意从领导那里争取来的福利，大家前 50 名下单的，买一送一！大家买一瓶我们发两瓶，大家到手后可以自己吃，也可以给家人、同学、朋友都分享一瓶！"分享美味和快乐"一直是×××品牌的做事理念哦！小吉把美味和快乐带给你们，你们也可以把美味和快乐分享给身边的人！

弹幕 7：666，这格局，我爱了。

弹幕 8：感觉我抢不到前 50 名啊！

主播：别慌（吃完最后一口），这么快就吃完了（故意这么说显得可爱，拉近和观众的距离），大家放心好了，今天小吉的美味与快乐可不只是分享给前 50 名下单的家人，今天只要是在直播间下单的，主播都给你们打 8.5 折！怎么样，够意思吧！

弹幕 9：牛！主播大气！

主播：哈哈哈，还是离不开家人们的支持啊，记住那句话哦，分享美味和快乐！大家赶紧下单吧！

主播：对了，小吉可要提醒大家，牛肉酱是很下饭，但是大家还是要合理饮食哦，俗话说得好，暴饮暴食会生病，定时定量可安宁，大家千万别暴饮暴食。

弹幕 10：知道啦，主播真贴心！

弹幕 11：冲你这句话，我多买两瓶！

…………

⚠ 【互动误区提醒】

1. 主播边吃边聊时要注意卫生和礼仪，不要影响观众的观感。

2. 主播可使用一些俏皮、可爱的话语活跃直播气氛，但要注意分寸和尺度，不要做出让观众反感的动作或说出让观众反感的语言。

3. 主播不要一次性把福利内容说完，要留足悬念，最好让不同梯队的观众都能有参与感，不要让福利成为某些特定群体的专属。

▷▷ 7.2 催单三讲

7.2.1 情景 73：优势 + 好处

📺【直播情景再现】

某生鲜豆皮直播间正在热卖几款新鲜豆皮，这些豆皮产自 ××（地名），是纯天然豆皮，观众对于豆皮的营养价值和做法都非常感兴趣，一些观众比较好奇豆皮是怎么制作的，主播小花正在向观众介绍自家的豆皮制作工艺，同时也给他们展示一些简单的食材搭配，一边演示一边与观众互动，回答他们关于豆皮的品相、口感、保质等问题……

🖥【直播弹幕分析】

1. 对于弹幕上关注豆皮制作工艺问题的观众，其可能比较好奇豆皮是如何从大豆变成薄薄的一张皮的，主播可以多从专业角度向他们展示和介绍有哪些步骤和技巧。

2. 主播在回答制作工艺相关的问题时可以给观众讲解豆皮的历史和文化，通过描述细节和他们建立信任。

3. 对于弹幕上关注豆皮营养价值和做法问题的观众，其可能比较关注自己或家人的健康及豆皮的食用方法，主播可以多介绍下有关豆皮的营养成分和食材搭配。

💬【主播互动演练】

主播："豆皮香喷喷，好吃不上火，素食中的精品，健康的好选择"！今天给大家带来的是咱们 ××（地名）非常有名的豆皮！

主播：咱家的豆皮，原料选用上等的非转基因大豆，全都是由咱们自己手工制作而成的，没有任何添加剂、防腐剂等！

弹幕 1：怎么做出来的？

弹幕 2：在家能做吗？我也想学做豆皮。

主播：咱们做豆皮其实很简单，就是把大豆浸泡、磨浆、煮沸、撇沫、挑腐衣、晾干等几个步骤。你们看主播身后这个大锅里就是煮沸的豆浆，你们看豆浆表面上就有一层薄薄的腐衣，这就是我们要挑出来晾干成为豆皮的东西。

弹幕3：原来是这样啊！

弹幕4：做法好像不难。

主播：第一次看豆皮是这样做出来的，是不是觉得很奇妙呢！其实在我国做豆皮已经有很长的历史了，据说最早是在唐朝时期就有了。当时有一个叫李靖的将军，在打仗时发现了一种叫"油腐"的食物，就是我们现在说的豆腐皮。他觉得这个东西很好吃，又很方便携带，就让他的士兵们都学会了做豆腐皮，后来这个食物就流传开了。

弹幕5：没想到还有这种故事啊。

弹幕6：这东西居然历史这么久！

主播："粗茶淡饭是个宝，吃出健康身体好"！咱们继续聊聊豆皮的营养价值和吃法吧。你们知道吗？豆皮是一种非常有营养的食物，它含有丰富的优质蛋白、卵磷脂、矿物质等，对我们的身体有很多好处。豆皮可以预防心血管疾病，保护心脏；可以补充钙质，防止骨质疏松，促进骨骼发育；还可以增强食欲、助消化、润肠通便等。

主播：你们再仔细看咱们家的豆皮，皮薄透明，半圆而不破，黄色有光泽，柔软不粘，表面光滑、色泽乳白微黄光亮，这就是优质豆皮的标志！

弹幕7：还蛮多好处的嘞。

弹幕8：吃豆皮这么多好处啊！

主播：豆皮的吃法也很多，你们可以看看主播面前摆的这几道家常小菜，香菇豆皮卷、酱爆豆皮、麻辣豆皮丝、豆皮汤等，这些菜都非常简单易做，又非常美味！

……（——介绍展示美食做法）

主播：讲这么多，大家是不是嘴都馋啦？鲜豆皮今天在直播间只需××元，下单立享运费险，不好吃、不爱吃、吃不习惯的都可以给主播退回来，需要下单的家人们在直播间下方点击小黄车购买，就可以快速下单，我们会尽快为您发货，让您早日收到咱们家的新鲜豆皮！

弹幕9：好吃不贵，冲了冲了！

主播：家人们，大家按照自己的需求下单噢，咱家的豆皮都是现做秒发货，豆皮无任何添加剂、防腐剂，所以保质期很短，请大家购买时控制数量，好吃再来！

…………

⚠ 【互动误区提醒】

1. 在直播催单的过程中，主播要以退为进，不要一直重复催促观众下单，而是要善于退让，有时候退让更能让他们感觉到真诚。

2. 主播要细致解释产品的优劣之处，而不要为了催单而忽悠观众，一旦他们买到自己不心仪的商品，想要做回头生意会更难。

3. 主播在讲述产品相关的故事时一定要结合产品的卖点、特点，不要本末倒置。

7.2.2 情景 74：对比 + 利益

▶ 【直播情景再现】

某农产品直播间正在销售几款新鲜黄瓜，这些黄瓜产自 ××（地名），是纯天然黄瓜，主播小蜜正在向观众介绍刚从自家地里摘下来的新鲜黄瓜，观众对于黄瓜的品质和口感都非常关注，但也有一些观众比较挑剔黄瓜的外观和个头大小的细节问题，主播边讲解边给他们对比了一下其他家的，通过一边演示一边与观众互动，回答他们关于黄瓜的营养、保质、食用等问题……

🖥 【直播弹幕分析】

1. 对于弹幕上关注黄瓜品质问题的观众，其可能比较关注黄瓜的新鲜度和品质，主播可以通过对比不同品质、不同品牌的黄瓜，给他们演示区别。

2. 主播在回答品质相关的问题时可以给观众讲解黄瓜的生长特点和品种差异，通过描述细节来推动他们下单。

3. 对于弹幕上关注黄瓜口感问题的观众，其可能比较关注自己或家人的口味偏好，主播可以多介绍不同类型的黄瓜有哪些搭配方法等。

【主播互动演练】

主播："说黄瓜，绿呱呱，个个带刺又顶花，吃着香，嚼着脆，越吃越香越有味"！大家好，欢迎来到××农产品直播间，今天给大家带来的是咱们××（地名）好吃爽口的纯天然黄瓜！

主播：咱家都是当季鲜嫩小黄瓜，全都是咱们后山蔬菜园刚摘回来的，大家看这个绿油油、青翠的小黄瓜，夏天的餐桌上怎么能少得了一盘清爽的黄瓜家常菜呢！黄瓜就酒，越吃越有，咱家黄瓜当下酒菜是真的很不错！

弹幕1：你这黄瓜个头儿也不大啊！

主播：天啦，××铁子，咱家黄瓜的个头是真的不小啦！可能没啥参照物，给大家看下这个是咱们刚到超市买的黄瓜、茄子，大家对比看看咱家黄瓜的个头，可不比超市卖的个头小呢！

弹幕2：你这个跟超市里卖的有什么区别啊？

弹幕3：你这个价格怎么比超市里还贵？

主播：××，你们那儿超市黄瓜多少钱一斤哟？咱们链接刚上还没放优惠券呢！今天咱家黄瓜一箱2000克，足足四斤只卖××元！马上给大家来一波优惠券！

主播：×××，主播刚看到你消息，咱们跟超市里卖的区别咱也不好咋说，但是主播敢保证的是咱家黄瓜的新鲜度和品质！大家经常买水果蔬菜的都知道，什么打蜡、打色素、打防腐剂、打保鲜剂等，这些都是常有的事儿，咱家可从来不干这种事儿，咱们的黄瓜都是刚从地里摘下来的，没有经过任何加工，保持了黄瓜的原汁原味，吃起来清脆爽口，香气十足！

弹幕4：你这个寄我这儿来还能保鲜啊？

主播：放一百个心、一万个心好啦，咱们每个包装盒里边都配有两个冰袋保鲜，3~5天寄到您那里依旧能保持鲜嫩多汁哟！而且新鲜黄瓜吃起来不仅美味，还有很多好处，比如说可以清热解毒、利尿消肿、美容养颜等！

弹幕5：怎么吃呢？

主播：黄瓜的吃法真的很多，大家可以看下主播面前摆的这几道家常小菜，凉拌黄瓜、黄瓜鸡蛋汤、黄瓜肉末炒饭，都非常美味！夏天想吃点爽口的、下饭的，咱们还可以直接拍黄瓜，放一点调味料拌一拌，别提有多好吃咯！

主播：黄瓜的营养价值也挺高的，每 100 克的黄瓜里边含有 95% 的水分和 0.65% 的蛋白质，还有维生素 C、维生素 B1、维生素 B2、胡萝卜素、钙、铁、磷等多种微量元素！

弹幕 6：还是得多吃青菜！

主播："黄瓜必须拍，人生必须嗨"！夏天到了，就要吃点新鲜脆嫩的黄瓜啊！买黄瓜就认准咱们 ×× 家的好黄瓜！现在直播间下单，主播再给大家抽五个免单，前提是大家把点赞点到 ×× 万，主播就送免单福利给大家！

弹幕 7：买回去试试。

…………

⚠ 【互动误区提醒】

1. 当观众质疑黄瓜价格、个头大小时，主播要借势给他们对比演示区别，不要着急反驳。

2. 主播在强调对比优势时，不要只讲自家产品的好处，更多要点破其他产品的劣势，让观众在区别中对自家产品产生下单欲望。

3. 主播要注意把握直播节奏，紧扣观众的关注点，并围绕产品进行完整介绍，不要跑题。

7.2.3 情景 75：真诚 + 信任

▶ 【直播情景再现】

某瓜子品牌直播间正在热卖几款特色瓜子，由于近期瓜子市场竞争激烈，直播间的观众对于瓜子的品质和口味非常关注，一些观众比较挑剔瓜子的颜色和香气等细节问题，主播小姜自家种植了很多年的瓜子，主播结合自家种植的特点不断和观众建立信任，回答弹幕上各种关于瓜子的制作工艺、食用等问题……

🖥️【直播弹幕分析】

1.对于弹幕上挑剔瓜子细节的观众，其可能比较关注瓜子的新鲜度和品质，主播可以从种植经验方面多给他们分享，打消他们的下单顾虑。

2.主播在回答品质相关的问题时要做到真诚有耐心，要结合催单技巧，给观众们留下好印象。

3.对于弹幕上关注瓜子制作工艺的观众，其可能对瓜子的制作比较感兴趣，主播要展现出专业、自信的态度。

💬【主播互动演练】

主播："一颗瓜子一颗珠，嘴里香甜心里舒。不是我说你不知道，这是我家乡的好东西。"大家好，欢迎来到小姜的瓜子直播间，咱们今天给大家唠一唠自家种植瓜子的一些趣事儿！

弹幕1：几天不见，主播又晒得好黑呦！

主播：哈哈，×××老朋友好久不见，主播这几天忙着采收和加工瓜子，在外边忙活的时候晒得更黑咯，不过，黑黑更健康啦！

主播：给大家讲一下种植瓜子的一些经验哟，感兴趣的可以听一下，主播我最喜欢的就是第一步：挑选种子，咱们在种植之前会先对种子进行筛选，目的是挑选出那些颗粒饱满、大小均匀的种子，而那些破损、干瘪严重、病虫害严重的种子都是没办法生长的，是不要的。

弹幕2：还蛮讲究的嘞。

主播：对的，提前挑选好优良种子是非常关键的。然后咱们会把种子放在45℃左右的温水中浸泡5分钟后捞出，放凉一会后再用40℃左右的温水浸泡15分钟并且用手不断搓洗。最后，咱们把种子放在30~35℃温度下保温1小时，之后再放到25~28℃的环境中晾干，这样才可以保证种子的发芽率。

弹幕3：天啦，这么复杂啊！

主播:对的对的,只有前期工作做好了,咱们才能保证种植出来的瓜子好吃!

弹幕4：有趣有趣。

弹幕5：看出来主播是专业的了。

主播：要想有好的瓜子，咱们还有可多工艺了呢！咱家的瓜子都是经过严格的挑选、晾晒、去壳、筛分等工序的，保证了每一批都是优质一级的瓜子！

爱吃瓜子的人可谓是"宁可一日无食，不可一日无瓜子"，所以咱们要吃就吃咱家这种好瓜子！

弹幕 6：品质好吗？

主播：×××你这个问题问得很好，我也非常理解大家对于品质问题的重视。咱们的瓜子甄选××型号瓜子原料，每一颗瓜子果盘直径都超过了××厘米，只有这种好料才会有好味道。

主播：经常来我们直播间的家人们都知道前段时间我们每天都在直播收瓜子，咱们是这一块的瓜子大户呢，我们卖出的每一袋瓜子都是咱们自己种出来并且经过精挑细选出来的无可挑剔的精品！

弹幕 7：我信主播！

弹幕 8：有些什么味道？

主播：咱们家的每一款瓜子都有不同的口味，主播手里这袋是焦糖口味，有一种清香爽口、微甜适中的味道，特别适合追剧的时候吃。今天直播间还有海盐、五香、烧烤、抹茶等口味的瓜子，大家一定要在直播间多待一会，主播还有更多惊喜等着你们哟！

弹幕 9：还不上链接呢？

主播：全场买二送一！只要你买了任意两包咱们家的优质瓜子，就可以免费再送你一包同样规格的任意口味的瓜子！

弹幕 10：能指定口味吗？

弹幕 11：好瓜子卖这么划算！

主播：特惠活动仅此一天，"咱家新鲜美味大瓜子，颗颗饱满，粒粒香甜，香脆可口，回味无穷，好吃不上火，吃了还想吃，大人小孩都爱吃！瓜仁大，我说不算话，大不大您开眼瞧，香不香您开口尝，买不买不打紧，农村的瓜子，农村的地，农村的天然种植真给力"！

主播：××家人，送的瓜子您可以备注口味哟，如果没备注的，咱们都是随机发呢！吃瓜子就认准咱们××家的好瓜子！爱吃瓜子的千万不要错过咱们直播间的活动哟！

⚠️ 【互动误区提醒】

1.主播在介绍瓜子制作工艺时要专业、严谨，不要说错、不懂装懂，让观众质疑真实度。

2. 主播在催单时可以用排比句、顺口溜引发观众对产品的向往,将观众的兴趣调动起来。

3. 主播在催单时要把握好观众的下单节奏,不要一次性把所有卖点和活动都讲完,要循序渐进,用一个个福利优惠留人,让观众无法拒绝,觉得不买就亏了。

▷▷ 7.3 最后时刻

7.3.1 情景 76:最后三分钟

📺【直播情景再现】

某生鲜产品直播间正在热卖几款冷冻肥牛卷,主播小瑜正在号召观看直播的观众抓紧最后的时间抢单,下播前观众关于肥牛卷产品的问题,基本是发货速度问题、发货包装问题和肥牛卷新鲜与否等问题,主播小瑜不断通过倒计时来强调直播间的下单速度……

🖥【直播弹幕分析】

1. 对于弹幕上关注肥牛卷发货问题的观众,其可能比较关注冷冻食品在快递中的保鲜问题,主播可以从技术层面多加解释。

2. 对于弹幕上关注肥牛卷新鲜与否的观众,其可能比较关注肥牛卷原材料的选材用材,比较注重食品的品质问题。

3. 主播在倒计时的时候要把握好节奏,倒计时的同时要注意与观众互动,及时解答其疑问。

💬【主播互动演练】

主播:肥牛卷拍单倒计时啦!还没拍的赶紧拍哦!今天这款肥牛卷的优惠数量是有限的,主播再给大家最后十分钟,抓紧时间抢,最后十分钟,主播马上要下播准备明天的直播产品啦！

弹幕 1：什么时候发货？

主播：所有已下单的宝宝，弹幕扣已下单，让主播看到，主播给你们 48 小时内全部发出去！

主播：最后五分钟，抓紧时间去拍，秒拍秒付款。肥牛卷配料表里面没有任何添加剂、防腐剂等！只有新鲜的牛肉，现宰急冻、冷链直发！

弹幕 2：发到 ×× 县城会不会坏？

弹幕 3：什么包装？

主播：不会坏的！宝儿！你们 ×× 县城或者有些宝宝住得稍微离城市主城区远了一点的，只要 ×× 快递能到的，咱们全部冷链直发，到货之后你们赶紧去拿，不会坏、不会变质的呦！

弹幕 4：已下单！

主播：还有最后三分钟，还没有买到的宝宝赶紧下单，卖完就没有了！还有想问的、想说的抓紧时间，咱们弹幕赶紧发，让主播看到！最后三分钟，遇到想吃的、好吃的肥牛卷千万不要再犹豫再纠结，去个商超、火锅店里的肥牛卷绝对不止这个价钱了！

主播：所有宝宝们最后三分钟啦，没抢到的赶紧刷新页面赶紧下单！时间到了主播就下播啦，早买早享受美味的肥牛卷！

弹幕 5：孕妇能吃吗？

主播：我看到 ×× 宝宝在问，孕妇可以吃的，家里老人、小孩、孕妇都能吃，包括我们在健身的、在控制摄入能量的宝宝们，抑或想要控糖控油控卡的宝宝们也都能吃，对生活有一定品质追求的，这个肥牛卷一定适合你们！

主播：放心拍，大胆拍！最后一分钟啦，库存也不多啦，没买过的宝宝们，真的建议你们尝试下这款，不会让你们失望的！倒计时最后十秒钟了呦，抓紧时间下单，主播也不等大家了，倒计时 10 秒……

弹幕 6：终于抢到了。

…………

⚠ **【互动误区提醒】**

1. 主播要持续利用十分钟、五分钟、三分钟和最后一分钟的倒计时来反复催单，不断营造时间紧迫、抓紧抢购的氛围，要给观众留足反应时间，不要突然倒计时就结束了。

2. 倒计时结束后，主播要立马进入接下来的款式介绍或者说下播结束语，不要言而无信，截止时间到了还在重复拖沓上一款的介绍。

3. 最后时刻的关键是倒计时催单，营造紧张的抢购氛围，主播不要表演痕迹过重，过于生硬的表演可能会适得其反。

7.3.2　情景 77：最后三个单

📺【直播情景再现】

某调味食品直播间正在热卖几款当地特产的辣椒酱，由于近两年热辣美食的热度越来越高，直播间观众的热情也不断高涨，主播小琪决定秒杀完 ×× 牌辣椒酱的最后库存后下播，通过小琪不断和观众互动，直到下播前几分钟，直播间关于辣椒酱的讨论仍旧很激烈……

🖥【直播弹幕分析】

1. 对于弹幕上关注辣椒酱到底辣不辣的观众，其可能比较关注口味问题，主播可以多形容味道，通过反问与他们互动，给他们挑选和推荐合适的口味。

2. 对于弹幕上没有抢到最后几单库存的观众，主播要及时回复引导他们下单其他链接。

3. 对于最后几单，主播要和运营配合好，及时更新页面链接的库存，抓住下播前的最后一波流量进行催单。

💬【主播互动演练】

主播：欢乐的时光总是短暂的，主播我马上就要下播了，麻辣鲜香的辣椒酱在 13 号链接，真的是最后几单了，库存卖完就没有啦！

主播：我再给大家说一遍哈，咱们家今天直播间上的 1~13 号链接，全部都是 ×× 当地的特产口味，全部都是麻辣鲜香的地道口味，咱们家今天上的所有款只有辣度不一样，像麻度和用油含量都是一样的！

弹幕 1：这家的辣椒酱确实好吃。

主播：13 号链接是今天的爆款，现在还有最后 3 单了，赶紧去抢，宝子们，错过今天，下一波库存确实是不知道什么时候啦！大家认准咱家的辣椒酱，原厂直出，地道特产，鲜香麻辣，今天给到的库存确实有限！

主播：最后 3 单抓紧时间拼手速，抢到就是赚到，以后都没这个新款福利价了，速战速决！

弹幕 2：13 号链接的辣椒酱辣不辣？

弹幕 3：吃不了辣的买哪个？

主播：这款是中麻中辣，比较适合大多数爱吃辣的人，如果你平时吃菜都必须放点辣椒，或者说你爱吃朝天椒，这种辣度你觉得好吃不辣的话，这款你吃应该就是刚刚好的口味。

主播：如果大家觉得朝天椒这种辣度接受不了的，那你就去冲 11 号链接，11 号链接就是微辣的，有一点点麻，是爽口的那种麻！ 11 号也只有最后的 20 单了！

弹幕 4：库存没有了！

弹幕 5：没抢到啊。

主播：13 号新款库存是不是没了，没抢到的扣 1！

弹幕 6:111。

主播：好，运营给我刷新一下后台库存，还有哪些没付款的咱们等他们三分钟，三分钟拍下未付的，辛苦运营给大家把库存清出来，给到咱们想要的家人们！

（运营处理后台）

主播：好，库存清出来了，大家快冲！这么快！最后一单大家也抢完了！确实是不好意思，咱们说到做到，确实是卖完就没了，还有哪些家人需要的可以联系客服，买一下小店里的预售款，咱们新款有预售，等到货了立马给你们发！

弹幕 7：还有吗？

主播：没抢到的不要慌！新款确实库存有限，大家可以根据自己的口味看一下其他链接，现在 8 号链接也只有最后一单了，咱们这次辣椒酱活动的优惠力度是今年最大的了，最后一单大家都加油冲！

主播：拼手速！主播马上就要下播了，下方购物车还有库存的都可以抢！
…………

⚠️【互动误区提醒】

1. 当直播间出现没抢到最后几单的观众时，主播一定要及时引导他们去其他链接下单，不能白白失去这些想下单的观众。

2. 主播要实时查看下单链接里的库存情况，不要说错库存数据，避免观众们认为是为了造势而做的虚假刺激。

3. 主播要和运营配合好，遇到拍下未付的库存要及时整理，将库存给到想下单的观众，不要浪费直播间的流量。

7.3.3 情景 78：最后三份礼

📺【直播情景再现】

某甜品糕点直播间正在热卖几款特产糕点，直播间观众不算活跃，为提高直播间人气，主播小梦先是进行了一波抽奖，接着向观众重点介绍起了本场直播爆品牛舌饼，并表示有赠品可选，听到此消息的观众逐渐活跃了起来，纷纷开始询问牛舌饼的口味、包装、添加剂等问题，也有不少观众比较关心有哪些赠品。

💻【直播弹幕分析】

1. 直播间的观众不活跃，可能是主播表现不够吸引他们，主播除通过语言、肢体动作等形式提升直播效果外，还可以采取抽奖、赠送赠品等活动，加强与他们的互动。

2. 直播间的观众关注赠品，说明他们对牛舌饼有购买欲望，因此主播要注意体现赠品的价值。

3. 主播给观众送礼要注意把握催单节奏，要用礼品吸引和留住他们，不断增加直播人气。

💬【主播互动演练】

主播：各位兄弟姐妹，直播间所有的抽奖活动马上就要结束了，大家刷屏参与抽奖的口号可以停一停咯。

弹幕 1：不是说有赠品吗？是什么呀？

弹幕 2：是不是又在套路我？

主播：大家别着急，本场直播呢，今天的重磅爆款产品是这款牛舌饼，在东北的孩子应该知道每到过年的时候妈妈都会亲手给家人做牛舌饼，今天直播间除了牛舌饼，还会给大家赠送红豆茶，红豆茶和牛舌饼搭配着吃，这个味道简直回味无穷！

弹幕 3：下单就有赠品吗？

主播：是这样的，咱家赠品的数量有限，红豆茶虽说是赠品，但也是咱们用精挑细选的高品质红豆烘制而成的，今天直播间下单前 100 位观众每人都有红豆茶噢！

弹幕 4：你这味道好吃吗？

弹幕 5：有添加剂吗？

主播：咱家传承五十多年的老手艺，地道的东北特产牛舌饼，口感沙沙香腻，色泽油润，咸味适中，东北孩子吃了都会说有家里的味道噢！

主播：不含添加剂、甜味剂，也不含防腐剂、味精，牛舌饼鲜香可口，高品质的原料才是咱家牛舌饼美味的基础条件！家人们，倒计时五个数，马上开抢！5、4、3、2、1！

弹幕 6：抢到了！

主播：谢谢家人们的捧场！还有最后三份赠品，最后三份好礼等待大家！小梦等最后三个有缘人噢！

弹幕 7：好久没吃东北美食了，试试你这儿的。

主播：好的，家人们，最后三份礼，下单即享红豆茶！好吃不贵，好吃再来！
…………

⚠【互动误区提醒】

1. 当直播间互动气氛不够活跃时，主播不要一次性把所有活动说完，可以循序渐进地安排抽奖、赠礼等活动，一步一步地活跃直播互动氛围。

2.赠品促销活动以赠品为主，但赠品不能看着太过低廉，要让观众觉得赠品也是有一定价值感的。

3.主播要讲清楚参与赠品活动的规则，不要让观众产生困惑。

7.4 重复示范

7.4.1 情景 79：下单示范

【直播情景再现】

某特产食品直播间正在热卖几款特色鲜花饼，恰逢直播平台做活动，购买鲜花饼可以领取多重福利优惠，下单的时候也会更划算。主播小娅一边向观众介绍鲜花饼的口感、用料等，一边给他们讲解和示范如何下单。公屏上的弹幕都是关于下单优惠的问题，有观众问怎么凑最低价；有观众问不知道下单的时候在哪里领券；有观众问下单的时候为什么领不到红包；有观众问下单价格为什么跟结算的不一样……

【直播弹幕分析】

1.对于大型的、复杂的促销活动，很多观众不熟悉平台优惠的规则，一时半会儿搞不清楚状况，他们掌握的信息不全面。

2.当观众对如何领券、如何凑最低价等感兴趣时，说明他们的下单意愿非常高，主播一定要及时与他们互动，成功促单。

3.主播在直播间示范下单的操作步骤时一定要简洁、专业，让观众一看就会。

【主播互动演练】

主播：家人们，始于19××年的鲜花饼，皮薄馅多、好吃不腻的鲜花饼，今天趁着平台年中庆典活动，优惠力度大，我们直播间给大家带来了最低价格，错过今天可就没机会了！

弹幕 1：我不信，年底没有吗？

弹幕 2：价格看起来也没便宜啊？

弹幕 3：怎么下单便宜？

主播：是真的，这次年中庆典优惠力度很大！各种优惠券、红包，再叠加直播间专属优惠券和粉丝福利红包，两重优惠、双倍红包，组合减免后，最低直接可以 ×× 元拿下！

主播：家人们错过今天就真的没有这个优惠力度了。经常在这个平台购物的家人们应该能够感受到这次不同的活动力度！我自己都给亲朋好友买了好几盒咱家的鲜花饼啦！

弹幕 4：这次给的券确实比之前优惠。

弹幕 5：怎么算优惠？在哪领券下单？

弹幕 6：红包没找到啊，怎么老是领取失败？

主播：家人们，家人们！在平台主页面找到活动会场的入口，然后在活动页面找品类优惠券，找到品类优惠券后选择对应的满减价格，注意不要领错了啊，一定要领取自己所需要的额度优惠券！

主播：领完优惠券返回活动页面，找到这个红包入口，参加领红包活动，领取后往下找品牌方给的专属红包！

弹幕 7：优惠券领到了。

弹幕 8：真麻烦。

弹幕 9：这次红包不小。

主播：领完平台的满减优惠券、抵扣红包和品牌红包后，再关注主播。没有点关注的家人们点点关注，点完关注可以领取粉丝专属优惠券，还能在交流群中领取粉丝红包！

主播：没找到的、听完讲解还是不知道怎么去领取的，现在主播给你们再示范一次，第一步点这个地方……（主播手持手机对着直播镜头一一示范）

弹幕 10：搞完了，搞完了，接下来呢？

弹幕 11：这有什么难的。

主播：所有福利都领完的家人们，注意了，还没领完的家人们抓紧时间，抓紧时间！家人们看直播间的 9 号链接，再等 1 分钟，还有没学会的、具体是哪一步没找到的抓紧时间在公屏上提问，主播一一给你们示范！

弹幕 12：搞好了！

主播：抓紧时间领取优惠券和红包，双重优惠、双倍红包！历史最低价，来，家人们，看我们的 9 号链接，准备好，3、2、1，开抢！

…………

⚠ 【互动误区提醒】

1. 主播要耐心、细心地为观众服务，给他们讲解下单的各类优惠，引导他们完成领取后下单，不能不情不愿，更不能不耐烦。

2. 主播要对平台操作和直播销售的程序熟悉，在各种活动开展时要积极了解，不能置身事外，不学习、不进步，在观众询问时面露难色，甚至一问三不知。

3. 主播一定要给观众不断示范下单的具体步骤，不要只是停留在口头讲解。

7.4.2　情景 80：支付示范

📺 【直播情景再现】

某零食品牌直播间正在热卖几款无骨凤爪，这些无骨凤爪都是由精选的鸡爪制成，将鸡爪去除了骨头和指甲，用秘制的酱料腌制，口感鲜嫩多汁，香辣可口。主播小乐正在向观众推荐各种口味的无骨凤爪，同时也不断提醒他们下单后要及时支付，否则可能会错过优惠或者被抢光。弹幕都是关于支付的问题，有观众问怎么支付，有观众问支付后怎么确认，有观众问支付失败怎么办，有观众问支付成功后怎么查看订单……

🖥 【直播弹幕分析】

1. 对于大部分的观众来说，支付是下单的最后一步，也是最重要的一步，如果支付出现问题，可能会影响到订单的成交和发货，所以他们对于支付的问题非常敏感和关注。

2. 当观众对如何支付、如何确认等感兴趣时，说明他们已经有了购买意向，主播要积极与他们互动，提升直播间的成交率。

3.主播在示范支付的操作步骤时要专业并有耐心,所示范的内容要简洁、易操作。

💬【主播互动演练】

主播:好工艺就在 ×× 品牌无骨凤爪,家人们,你们看我手里拿的这款无骨凤爪,是不是很诱人啊?这个是咱们家的招牌口味——香辣无骨凤爪!用新鲜的鸡爪去除了骨头和指甲,用秘制的香辣酱料腌制了 48 小时,让每一根凤爪都入味透彻!正宗川渝味,越辣越巴适!

主播:我撕开一根给大家看看,你们看这个肉多么嫩啊,汁水多么多啊,咬一口就能听到嘎嘣脆的声音!

主播:这个香辣无骨凤爪真的是太好吃了!不管是当零食还是当下酒菜都非常合适!而且还很方便携带,不用担心弄脏手或者衣服!

弹幕 1:我想买!

弹幕 2:怎么支付?

弹幕 3:我已经下单了!

主播:好,家人们都很给力啊!那我现在就给大家讲解一下怎么支付吧!其实很简单的,只要你在直播间找到我们的 12 号链接,点进去就能看到我们香辣无骨凤爪的商品页面,然后你就可以选择想要的数量和口味,加入购物车或者直接点击立即购买。

主播:然后你就会进入到支付页面,这里你可以选择你想要的支付方式,比如说微信、支付宝、银行卡等。你只要按照提示输入你的支付信息,就能完成支付啦!

主播:家人们,注意了,支付的时候一定要及时哦,因为我们的香辣无骨凤爪是限量发售的,如果你下单了但是没有及时支付,可能会被别人抢走哦!所以一定要在五分钟以内点击支付,锁定你的订单!

弹幕 4:支付成功了!

弹幕 5:支付失败了怎么办?

弹幕 6:支付后怎么确认?

主播:恭喜家人们支付成功!如果想进一步确认的话可以在平台的"我的订单"里面查看订单详情,也可以在直播间私信客服来帮你确认。

主播：如果家人们遇到支付失败的情况，不要着急，可能是网络或者系统的原因，你可以重新尝试一下，或者换一个支付方式。如果还是不行，你可以在直播间留言或者私信客服来帮你解决问题。如果大家还有什么问题或者想法，可以在直播间留言或者私信我哦！

弹幕7：没抢到，能不能加库存？

主播：还有没抢到的吗？运营给我看一下后台有多少人还没付款的，一分钟没付款的给我全部踢掉，把机会让给各位想买的家人哟，家人们买到的就给主播在弹幕上留言买到了，没买到的家人等一分钟，看还有哪些家人不想付款的，咱们就把机会让给有需要的家人好啦！大家想吃的想买的抓紧时间哟！时间真的不等人！

主播：好，一分钟到了，我看看，还有八十多个没付款的，麻烦运营小哥帮忙踢一下人哟，释放库存给想要的家人，今天早拍早发货，抓紧时间买哟！
…………

⚠️【互动误区提醒】

1. 主播要注意引导观众完成下单后及时支付，不要让他们拖延或者放弃订单，要及时提醒他们库存和优惠的限制。

2. 主播要注意给观众提供多种支付方式的选择，不要强制他们使用某一种特定的支付方式，要尊重他们的喜好和习惯。

3. 主播要注意给观众提供有效的支付帮助和解决方案，不要让他们感到无助或者失望，要及时回复他们的问题和反馈。

▶▶ 7.5 催单下单经典语句与句式模板

7.5.1 催单下单经典语句

📖【经典语句1】

晚买不如早买，早买不如现在买！

📖 【经典语句 2】

××块钱你买回家，老的喜，少的夸，都来夸你会当家。老不欺，少不瞒，全靠质量做宣传！

📖 【经典语句 3】

走过南，闯过北，吃着美味的×××，恁一口俺一口，既是美味又美容。有点辣，有点香，一顿不吃俺就发慌，一次不买俺就后悔，走过路过别错过，纯香闻得见，新鲜看得见！

7.5.2 催单下单句式模板

1.现在还剩下最后的____（名额个数）个名额，大家赶快抓紧，马上就要没有了，如果没有了，今天直播间是不能追加的哟。____（产品简称）名额有限，先到先得，看中的要及时下单哟，机会难得，____（购物车链接编号）号链接即将售罄啦，且买且珍惜哟！

2.宝宝们，我们这次____（品牌简称）活动的优惠力度是今年最大的了，现在拍能省____（具体数额）钱呢，而且主播我啊今天还给大家再额外赠送一个价值____（具体数额）元的赠品，这个赠品____（赠品简称）也非常好吃，喜欢的宝宝直接拍！

3.真的是最后的____（具体时间）分钟啦，____（产品简称）也只剩下最后的____（具体数量）盒了，想吃的宝宝抓紧拍，因为这个系列咱们仓库暂时没办法补上库存了，只要喜欢，只要心动，____（购物车链接编号）号链接闭眼搂就完了，秒拍秒付，还在纠结犹豫的，先把名额占下来，错过就没有啦！

第 8 章

结束怎么结

8.1 感恩式结尾

8.1.1 情景 81：口福奖

📺【直播情景再现】

某休闲食品直播间内主播小沃正在热卖一款板鸭，直播间观众很多，氛围火爆，弹幕上的问题也很多，有观众问板鸭是否为真空包装，有观众问板鸭如何食用最佳，有观众问板鸭的口味类型，有观众问板鸭的制作方式，有观众问板鸭的产地……小沃一一回答了这些问题，并凭借直播间的高人气卖出了不少板鸭。这款板鸭是小沃直播间的招牌，一直是销量第一，为感谢观众的支持，小沃特意设置了一些奖励，以表达自己的感恩之情。

🖥️【直播弹幕分析】

1. 当直播间里的观众已经消化了一些订单，还处于消费后的短暂愉悦中时，主播要趁热打铁，用真情进行感恩，用奖品进行回馈，以更好地维护主播和观众之间的关系，提高观众黏性。

2. 关于板鸭的包装、食用方法、口味类型、制作方式等问题会持续出现，主播应定时就这些问题进行重复讲解。

3. 不管是正常直播环节还是主播真情流露进行感恩的环节，在弹幕上都难免会有一些质疑和否定的声音，主播要谨慎处理，稳住心态，正常发挥。

💬【主播互动演练】

主播：欢迎各位新宝宝进入直播间，小沃今天已经开播快三个小时了哟，现在咱们直播间人气还在慢慢上涨，刚刚那些板鸭已经全部清空了，××份的板鸭全部卖完了，谢谢大家的支持！

弹幕 1：啊？已经结束了？

弹幕 2：一份也没有了吗？

主播：确实是一份也没有了，很抱歉，家人们，明天应该会有新货，大家别着急。

弹幕 3：我等不了明天了！

弹幕 4：是啊，怎么不多准备点货呢？

主播：大家别着急嘛，直播间实在是太火爆了，还请大家理解下。不过呢，小沃也不是那种吃完就抹嘴儿走人的人。老粉都知道，直播间已经开通快两年了，这两年里真的非常感谢大家的支持，我知道如果不是大家选择小沃，小沃根本走不到今天！所以呢，小沃今天为表示对大家的感恩之情，特别设置了"口福奖"，给大家送口福！直播间虽然没有板鸭了，但是各种其他休闲零食还有很多！今天就给大家抽奖！

弹幕 5：好好好，这个好！

弹幕 6：只要主播抽奖，我们就是一家人！

主播：哈哈哈，我们当然是一家人了，大家注意了，抽奖规则很简单，只要大家有粉丝牌的，都可以参与抽奖！待会我会在直播间里设置口令，口令为"祝贺 ××（直播间名）两周年，小沃抽奖送口福！"大家等我说开始后，在直播间发送口令就可以参与抽奖了，开始后活动持续五分钟，五分钟后开奖！一等奖一共 5 名，奖品是每人 10 份直播间销量第二的鸭货大礼包！二等奖一共 10 名，奖品是每人 10 份薯片大礼包！三等奖 30 名，奖品是每人一份随机零食组合大礼包！

弹幕 7：还要有粉丝牌啊？

弹幕 8：我第一次来，粉丝牌怎么获得？

主播：大家给主播点个关注，并扫码加入主播的粉丝群，就是主播的粉丝咯！要想获得粉丝牌的话，大家送一份最便宜的小礼物或者关注后消费一次，就可以获得粉丝牌了！当然了，大家在直播间消费越多，粉丝灯牌等级就越高哦！

弹幕 9：可以可以，我奔着一等奖去了！

弹幕 10：主播快开始！

主播：好的宝宝们，小沃在这里再次感谢大家的支持！祝直播间的宝宝们，坐东楼看西楼，吃喝啥也不用愁！抽完奖小沃就要下播了，大家把握时间哦！

好了，现在开始，大家一起发送口令吧！

　　弹幕 11：祝贺 ××（直播间名）两周年，小沃抽奖送口福！

　　弹幕 12：祝贺 ××（直播间名）两周年，小沃抽奖送口福！

　　弹幕 13：祝贺 ××（直播间名）两周年，小沃抽奖送口福！

　　…………

⚠️ **【互动误区提醒】**

　　1. 主播的抽奖环节不要一介绍完就直接开始，可以设置 5~10 分钟的缓冲时间（但不宜过久），最大限度地引起观众注意，增加观众的停留时间，使活动效果最大化。

　　2. 主播在抽奖过程中不仅要介绍清楚规则，还要持续与观众互动，不要一直自说自话，要引导观众关注直播间，加入粉丝团等。

　　3. 主播要保证抽奖活动的公平性，不能欺骗观众。另外，注意控制中奖人数和奖品数量，不要送得太多，也不要送得太少，要根据直播间的人气和销量合理安排，避免造成观众的不满或者资源的浪费。

8.1.2　情景 82：有品奖

▶️ **【直播情景再现】**

　　某地特产直播间已经开播 5 小时了，主播小南打算半小时后就下播了，今天直播间的某地特产米粉销量很可观，弹幕上持续有观众在提问，有新观众问产地问口感的，有老观众问优惠问福利的。小南为直播的最后 30 分钟别出心裁地设置了一个"有品奖"活动，既能调动观众的积极性，又能感恩回馈新老观众。活动进行得很顺利，观众热情果然高涨，小南感觉观众和直播间之间的距离都被拉近了。

🖥️ **【直播弹幕分析】**

　　1. 新观众问产地问口感，说明他们对特产米粉不了解，主播注意介绍清楚即可，也可在直播间弹幕设置滚动的介绍文字循坏播放。

2. 老观众问优惠问福利，这是一定程度的"耍赖"，若是直播前有提前安排的，主播可趁机满足要求，若未提前规划过，则不能随意满足这种要求。

3. 由于直播快结束了，直播间弹幕还有不少询问后续开播时间和带货产品相关的问题，若后续是常规直播流程，主播可将相关信息明确地告知观众，若后续是特别的直播内容，主播可卖个关子，引起观众好奇。

💬💬【主播互动演练】

主播：好了！谢谢大家的支持，看看时间也不早了，小南还有 30 分钟就要下播了哦！

弹幕 1：这么早？米粉还有吗？

弹幕 2：刚来，主播你这米粉哪里产的，口感咋样？

弹幕 3：主播今天有福利没？

弹幕 4：主播今天抽奖不？

主播：哈哈，谢谢大家哈。新进来的宝宝看屏幕右上角的文字哦，关于米粉的所有信息都在那里了，大家可放心购买！最后这 30 分钟呢，主播想做一件特别的事情！

弹幕 5：啥特别的事情？

弹幕 6：难道说？

主播：宝宝们，今天直播间的销量很好，小南也算是圆满完成任务了，在这里，小南先谢谢各位家人的支持（在镜头前鞠躬致谢）！

弹幕 7：这家伙，搞这么正经呢？

弹幕 8：我们也很喜欢小南！

主播：谢谢大家，小南祝大家生活如同锦上花，大财小财天天进，一顺百顺发发发！

弹幕 9：这就完了？

主播：哈哈哈，我看你急了吧 ×××（观众昵称），我还不知道你，你是老粉了，你的心思我一眼就看出来了！小南先问大家一个问题，咱们直播间怎么样？态度好不好？产品好不好？主播好不好？价格好不好？

弹幕 10：好好好！

弹幕 11：好！

主播：×××（直播间名）有没有品？上不上档次？

弹幕 12：有品！

弹幕 13：上档次！

主播：小南有没有品？

弹幕 14：小南有品！

弹幕 15：有品！

主播：好，要的就是这句话，小南也告诉大家，在小南眼里，直播间的观众也是最有品的！

弹幕 16：666。

主播：为了感谢这么有品的宝宝们的支持呢，小南今天特意向总部申请了"有品奖"！感谢在过去 3 年内一直支持直播间的新老观众，感谢你们这么有品还支持 ×××（直播间名）！

弹幕 17：哇！我就知道，你看，果然要抽奖了吧！

弹幕 18：来得早不如来得巧啊！

主播：各位新朋友老朋友，没点关注的点点关注，点关注了的刷刷免费小礼物，小南的"有品奖"一共 20 位！奖品是 5 折优惠券！只要是本直播间推荐的产品，在这过后的一个月内，凭消费券下单都无条件打 5 折！怎么样，这奖品也很"有品"吧？

弹幕 19：666，快开奖！

主播：大家在直播弹幕输入弹幕"小南感恩有品观众，有品直播抽有品大奖！"22：00 准点开奖哦！

弹幕 20：小南感恩有品观众，有品直播抽有品大奖！

弹幕 21：小南感恩有品观众，有品直播抽有品大奖！

弹幕 22：小南感恩有品观众，有品直播抽有品大奖！

…………

⚠️【互动误区提醒】

1. 主播要注意利用抽奖活动拉近与观众的距离，对于"有品奖"活动名称来源的解释要恰当，不要让观众觉得突兀。

2. 主播在抽奖前后要持续与观众互动，不要因抽奖而忽视新老观众的其他需求。

3. 主播抽奖时要注意控制时间，要牢记抽奖活动的目的是以提高曝光率为主。同时，要注意控制中奖人数以及奖品的数量，既要一定程度上满足观众，又要控制成本。

▷▷ 8.2 促单式结尾

8.2.1 情景 83：送个礼

📺【直播情景再现】

某茶产品直播间正在热卖几款茶叶，由于近些年人们对于养生的重视程度不断提高，加之绿茶的保健功效和清新口感十分突出，因此受到大家的广泛认可。直播间的观众热情高涨，主播小音决定在下播前送出几份 ×× （品牌名）绿茶礼盒作为礼物感谢他们，通过小音不断和他们互动，直到下播前几分钟，直播间的热度和排名都很不错。

🖥️【直播弹幕分析】

1. 对于弹幕上想要参与抽奖的观众，主播要及时回复他们抽奖规则和方式，提醒他们关注直播间和分享链接，提高他们的参与感。

2. 对于弹幕上质疑送礼真实性的观众，其可能心中有怀疑或者曾经遇到过送礼欺骗的情况，主播可以详细介绍抽奖的公平、公正、真实性条件，打消他们的顾虑。

💬【主播互动演练】

主播：家人们，我们今天的直播快要结束了，感谢大家一直陪着我！今天咱们直播间给大家带来了很多优质的茶产品，都是咱们家自己种植加工的，都有相关的检验报告和证书，大家可以放心购买！

弹幕1：你们家的绿茶还蛮好喝的，快喝完了，今天来补点。

主播：谢谢××家人的夸奖，我们的茶叶都是选用优质原叶，经过精心的制作工艺，保留了茶叶的天然清香和甘甜！

主播：还有20分钟主播就要下播了，为了感谢家人们对我的支持和厚爱，我特意准备了10份××（品牌名）绿茶礼盒作为礼物送给在直播间购物的家人们！

主播：所有在直播间内购物金额超过99元的家人们都可以在私信窗口将订单信息发给我们的客服，然后来参加抽礼物活动！

弹幕2：我来我来。

弹幕3：怎么个抽法？

主播：由于直播间里的家人粉丝众多，咱们直接采取在线抽奖的方式确定礼物的赠送对象。

主播：还没发送订单信息的家人们要抓紧时间了，凑够99元的购物金额就可以参加我们××（品牌名）绿茶礼盒礼物抽奖活动！

弹幕4：不是内定的吧！

主播：当然不是内定的！想拿礼盒礼物的家人们关注我们的直播间，然后在弹幕上打出"我要礼盒"，我们会使用平台的抽奖工具抽取10位幸运观众送出礼物！

弹幕5：我要礼盒。

弹幕6：我要礼盒！

弹幕7：抽我，抽我。

主播：还没发送订单信息的家人抓紧时间！最后3分钟！我们的客服人员正在进行数据统计，马上就可以开始抽奖！现在还没发送订单信息的家人抓紧时间！

主播：我们的礼物马上就要送出，数据已经进入平台的抽奖程序，现在我们开始抽取10位幸运观众，大家跟我一起来，3、2、1！

…………

⚠ 【互动误区提醒】

1. 主播可以通过送礼物来激发观众的兴趣，但不能让观众感觉到是以礼物为由在牵着他们的鼻子走。

2. 主播在抽出幸运观众人选时不能出现卡顿或者容易引起误解的情况，避免观众认为是为了吸引人气而做的虚假抽奖。

3. 主播可以为抽奖设置参与条件，但条件不能设置得过高，否则将引起观众的反感，活动的参与程度也无法保证。

8.2.2 情景 84：交个友

▶ 【直播情景再现】

某酒类直播间正在热卖一款地方特色黄酒，主播小绍正捧着一个酒坛向观众介绍这款黄酒。直播间内有很多爱酒人士，大家积极地在弹幕上发言，探讨各自对于黄酒的认识和喜好，有人在问酒的度数，有人在问黄酒的香味，有人在问黄酒的酒体，有人在问喝起来的感受……

🖥 【直播弹幕分析】

1. 对于关心黄酒香味和酒体的观众，其大多可能对于酒类有些了解，主播要给他们详细介绍黄酒的特色和优势。

2. 对于询问黄酒度数的观众，其可能是第一次购买黄酒或者是新晋爱好者，主播在介绍黄酒时要将其考虑在内。

💬 【主播互动演练】

主播：家人们，今天在我们直播间压轴出场的就是这款三年陈的 ×× （品牌名）黄酒，古法技艺，手工冬酿！

弹幕 1：是不是真 ×× （品牌名）的酒？

弹幕 2：倒出来看看色泽。

主播：在我们直播间假一赔十！我直接给家人们看产地说明这部分的内容，

清清楚楚的，生产地址是 ×× 市的 ×× 酒厂，保真！

主播：我们家这款三年陈黄酒选取了鉴湖的源头活水，原料之一是精选白糯米，酿酒发酵剂之一是黄金小麦，坚持古法、坚持时序、坚持自然！

弹幕 3：香味酒体怎么样？

弹幕 4：多少度的？

主播：这款三年陈黄酒的酒体饱满，色如琥珀，清澈透亮，香味沁人心脾，开坛飘香，馥郁芬芳。这款黄酒的度数跟一般的黄酒度数一样，都是 15 度左右。

弹幕 5：喝起来怎么样？

主播：咱们家这款三年陈黄酒的品质一流，入口很是柔和，绵厚爽口，让人回味悠长，可一人独酌，也可聚餐共饮，古风礼盒包装，也是送礼佳品！

主播：我本人也比较喜欢喝酒，今天在直播间斗胆跟各位认个酒友！我喝了这酒感觉不错，自然想把它分享给大家！诸位酒友千万不能错过！

弹幕 6：真酒友不能只动嘴。

主播：各位酒友可移步我们家的微信交流群，大家一起交流品酒心得，还可以在群里领取大额优惠券后再来购买这款三年陈黄酒。请各位朋友抓紧点击链接加入我们家的微信交流群，领取优惠券！

弹幕 7：已加，快放券。

主播：直播马上结束，家人们，这款压轴出场的三年陈黄酒，喜欢的朋友们看我们的 9 号链接，抓紧添加酒友群领取大额优惠券！来，准备，3、2、1，上链接！

…………

⚠ 【互动误区提醒】

1. 主播在与观众们称兄道弟的时候一定要注意时机时宜，不能功利性太强，引起观众们的反感。

2. 主播要提前安排微信群等维护客户关系的工具的管理人员，不能出现等待时间过长或者无人响应等问题。

3. 与观众交友的目的之一在于促进销售，主播不能乐不思蜀，反而忘记关键目标。

▷▷ 8.3 其他式结尾

8.3.1 情景 85：预告式结尾

❖◆✦━━━◆✦◆━━━✦◆❖

📺【直播情景再现】

　　某水果产品直播间正在热卖几款品牌车厘子，主播小沐已经完成了今天直播间所有的产品介绍，打算在下播前给观众预告一下明天直播间的产品和直播时间，小沐不断重复开播时间和开播场次，吸引观众停留和关注，直到小沐快下播时弹幕上仍然有不少观众在积极互动。

🖥【直播弹幕分析】

　　1.对于弹幕上关注直播时间的观众，其可能第一次观看本场直播，可能对直播内容比较感兴趣。

　　2.对于弹幕上关注明天是否也有优惠券的观众，其可能比较熟悉主播的直播流程，可能是铁粉，主播对于铁粉一定要维护好客情关系。

　　3.预告的内容一定要提前准备好，主播一定要守诚信，注意平台的直播规则。

💬【主播互动演练】

　　主播：家人们，咱们今天的直播也快结束了，有需要但是还在犹豫的家人们，抓紧时间下单哟，主播这里马上下播了！

　　主播：明天咱们直播的宝贝也是非常新鲜，有××（品牌名）的车厘子，大家都知道的，这家品牌的车厘子一直就很甜很大颗！还有大家一直期待的××（品牌名）的车厘子干，我也给大家搞到了一些库存！还有一些日常的水果拼盘、果汁之类的，我也都给大家搞到了！

　　弹幕 1：明天几点呢？

　　弹幕 2：明天也是九点吗？

　　主播：明天会早一点哟，家人们，明天晚上七点就开播啦，比今天早一点啦，明天直播间的折扣优惠一定会让大家满意哟！除了我刚刚给大家说的一些大牌的产品，也有一些物美价廉、新鲜好吃的网红爆款水果，所以咱们明天晚上七点不见不散啦！

弹幕3：每天就播一场吗？

主播：对的，咱们家现在每天就一场直播啦，一场直播的产品能更加集中，明天的直播间基本是一些你们日常看不到的超低优惠了，错过绝对可惜，主要是一些品牌方为了宣传，让利给了不少优惠哟！

弹幕4：明天有优惠券吗？

主播：明天也是和今天一样准点有优惠券发放哟，所以请大家一定要按时守在咱们的直播间，大家记得点个关注并加入咱们的粉丝群，主播待会儿下播了会把咱们明天直播的部分优惠产品明细提前在粉丝群里预告，大家可以先看下明天的产品信息！

弹幕5：主播辛苦！

主播：还没下单的抓紧咯，明晚七点到十一点，主播准时开播，大家一定要点点关注，这样到时候也会有预告提醒直播的哟！祝大家今天晚安好梦，明天咱们不见不散啦！

…………

⚠ 【互动误区提醒】

1. 主播预告后续直播时要注意将后续直播的时间、内容等基本信息说清楚，但不能完全透露关注度高的、重要的直播细节，注意保留观众的好奇心。

2. 主播在预告后续直播时可以稍微卖一下关子，但不能过分故弄玄虚，容易引起观众的反感。

3. 主播应按预告的直播时间准时开播，否则会消磨粉丝观众的信任和耐心，导致观众流失。

8.3.2　情景 86：数据式结尾

【直播情景再现】

某健康食品品牌直播间正在热卖几款黑木耳，主播小梅已经完成了今天直播间所有的产品介绍，打算在下播前给观众展示一下今天直播间的销售数据，小梅不断重复今天直播间的销量和好评率，吸引观众下单和点赞，直到小梅快下播时弹幕上仍然有不少观众在积极互动……

【直播弹幕分析】

1. 对于弹幕上关注销量的观众，其可能对黑木耳的品质比较在意，也可能是已经下单或者准备下单的客户。

2. 对于弹幕上关注好评率的观众，其可能对黑木耳的口碑和评价比较感兴趣，可能是想要了解更多其他用户的使用体验和反馈。

【主播互动演练】

主播：家人们，我们今天的直播就快结束了！黑木耳的货量已经不多了，如果你还在犹豫没有下手，那我直接给你们看看我们今天直播间的销售数据吧！

弹幕 1：快没货了？真假？

弹幕 2：看看后台数据！

主播：这款黑木耳干货是今天我们直播间最畅销的产品之一，它是由优质无污染的黑木耳制作而成，没有添加任何防腐剂和色素，是纯天然的健康食品，它可以清肺润肠、美容养颜、抗衰老等。

主播：这种好东西当然卖得快啊！家人们可以猜猜今天晚上这款黑木耳干货的销量？

弹幕 3：1000 顶天了！

弹幕 4：3000。

主播：再大胆点！

弹幕 5：5000？

弹幕 6：一个黑木耳能卖多少？

主播：8000！我们直播间今天晚上一个晚上已经卖出了8000包黑木耳干货！这款黑木耳的累计销量已经达到10万＋！这说明什么呢？说明了我们家的黑木耳干货品质好，回头客多！

主播：大家再看我们家黑木耳干货的好评率，可高达99%呦！这也是一个非常了不起的成绩！这些好评都是来自我们的真实用户，他们都在食用我们家的黑木耳干货后感受到了它的好处，所以才给我们留下了这么多的赞美和感谢！

弹幕7：真的吗？要不是刷的数据，那还真不错。

弹幕8：现在没以前那么容易刷了，数据的水分少了不少。

主播：当然是真的！你们可以自己去看看我们直播间下方的一些用户评价和晒单，都是真实无作假的！你们也可以去我们家的店铺看看，我们家的黑木耳干货已经获得了很多平台和媒体的认证和推荐，是一款非常有品质和口碑的产品！

主播：好评率99%、累计销量10万＋的天然健康的黑木耳干货，如果你还在犹豫，那么你可能就会错过这次的机会！最后一点货量！

主播：这么好的产品，这么低的价格，这么高的好评率，你还等什么呢？需要的朋友看12号链接！

弹幕9：已下单，快点发货！

…………

⚠ 【互动误区提醒】

1. 主播展示数据时要注意数据的真实性和准确性，不要夸大或者造假，否则会降低观众的信任感和购买意愿。

2. 主播展示数据时要注意数据的可读性和可视性，不要使用过于复杂或者模糊的数字，而要使用简单明了的图表或者动画，让观众一目了然。

3. 主播展示数据时要注意数据的相关性和针对性，不要使用与产品无关或者无意义的数字，而要使用和产品有关或者有价值的数字，比如说销量、好评率、优惠幅度等。

8.3.3 情景 87：感谢式结尾

📺【直播情景再现】

　　某农产品直播间正在热卖几款纯天然蜂蜜，主播小园刚刚介绍完手中的最后一款枣花蜜，今天直播间整体的销量很不错，观众都很热情友好，气氛更是其乐融融。临近直播尾声，主播小园也完成了自己今天的销售任务，她情绪有些激动，真挚地向观众表达自己的感激之情。

🖥【直播弹幕分析】

　　1. 对于直播间弹幕上的"熟面孔"，他们很多可能是已经有过该品牌蜂蜜的购买经历，消费感受也不错，所以经常来捧场并且关注直播间的相关信息，主播要善于抓住这部分活跃且忠实的用户，通过与他们在直播间的互动营造良好的氛围。

　　2. 完成蜂蜜产品的介绍后，直播节奏会出现一个空档期，这个时间是主播发挥串联作用的部分。

　　3. 对于弹幕上出现的各类留言，主播要有选择性地挑出正向、积极的发言，调动自己的情绪。

💬【主播互动演练】

　　主播：好了好了，宝宝们，咱们今天的直播马上就要结束啦！非常感谢各位在直播间下单，相信大家今天在咱们直播间购买的宝贝都是物美价廉的，也希望大家在咱们直播间所有的购物体验都是非常愉快、满意的哟！

　　主播：主播在下播前还要给大家介绍一下咱们今天的最后一款枣花蜜，这款枣花蜜是咱们直播间的独家特色产品，具有补血养颜、润肠通便、抗疲劳、增强免疫力等多种功效，而且味道也是非常香甜可口的！

　　弹幕 1：真的假的？

　　弹幕 2：枣花蜜多少钱？

　　主播：这款枣花蜜原价是 ××× 元一瓶，但是今天它作为咱们直播间的特色产品，主播给大家准备了一个超级优惠的活动！那就是只要在下单时输入优惠码"小园送你甜"，就可以立减50元，到手价只要×××元！而且还包邮哟！

弹幕3：也不贵啊，纯天然吗？

主播：当然是纯天然啦！咱们这款枣花蜜是经过国家级权威机构检测认证的，没有任何添加剂、防腐剂、色素等人工成分，保证100%纯正无掺杂！而且咱们还提供了质量保证书和检测报告，大家可以放心购买！

弹幕4：枣花蜜和其他蜂蜜有什么区别？

主播：枣花蜜和其他蜂蜜的区别主要在于花源的不同，枣花蜜的花源是枣花，而像槐花蜜的花源则为槐花等。枣花蜜的味道比较浓郁、甘甜，而且含有丰富的铁元素，对于贫血、面色暗黄、气色不佳的人群非常有帮助！

弹幕5：枣花蜜怎么吃？

主播：枣花蜜的吃法其实很简单！早上空腹喝一杯温水加一勺枣花蜜，促进新陈代谢、清理肠胃、提高免疫力；晚上睡前喝一杯牛奶加一勺枣花蜜，美容养颜、补充营养；平时做菜或者泡茶时也可以加一点枣花蜜，增加风味、提高食欲、补充维生素。

主播：枣花蜜是一款非常实用、方便、美味的健康食品，大家可以根据自己的喜好和需求来搭配着用哟！需要的宝宝们看我们的5号链接！

弹幕6：买点试试，看起来还行。

主播：好的好的，×××宝宝快去下单吧！记得输入优惠码"小园送你甜"哟！

主播：好了好了，宝宝们，时间到啦！咱们今天的直播就要结束啦！非常感谢各位在直播间陪伴主播度过了这么愉快的几个小时！也非常感谢各位对咱们直播间产品的认可和支持！希望大家都能尽快收到咱们的枣花蜜，并且喝出健康和美丽！主播在这里祝福各位宝宝天天快乐！祝大家生活、学习、工作顺利！

…………

⚠【互动误区提醒】

1. 主播在向观众表达自己的谢意和感激之情时一定要由心而发，不能虚情假意，更不能敷衍了事，否则不仅不能引起他们的共鸣，甚至可能引起负面效果。

2. 主播在向观众表达自己的谢意和感激之情时不能自说自话，自我感动，不能忽视观众。

3. 主播切入感谢的言语时不能太过生硬，要有情绪和节奏上的铺垫。

▶▶ 8.4 直播结尾经典语句与句式模板

8.4.1 直播结尾经典语句

📖【经典语句1】

亲爱的家人们，今天的直播就要结束了，感谢你们的观看、点赞、分享、下单，你们是我前进的最大动力！每天的产品都物美、价廉、优质、实惠，希望你们能够满意！如果有任何疑问、建议、反馈、投诉，请随时与我联系！我们下次直播再见啦，祝你们快乐每一天！

📖【经典语句2】

春风拂面感恩浓，粉丝关注情意融。千言万语难道谢，但盼明日再相逢！

📖【经典语句3】

感谢支持与陪伴，关掉直播情难断。春风又绿江南岸，明日与君再言欢！

8.4.2 直播结尾句式模板

1. 直播马上就要结束了，千山万水寄真情，感谢粉丝一路同行！按照惯例，送给大家一首歌，今天____（主播名）给大家带来的是____（歌曲名），希望大家喜欢！

2. 感谢大家对____（主播名）的喜爱，与你们同乐何等荣幸，明日再度共享欢笑，期待直播时光早点到来！宝子们！明天____（开播时间）见！

3.家人们，感谢你们的关注、点赞、陪伴，让＿＿＿（直播间名）充满了欢乐、温暖、感动；感谢你们的参与、互动、支持，让＿＿＿（主播名）感受到了无限的鼓舞、激励、热情；最后，谢谢你们的耐心、理解、包容，让＿＿＿（主播名）和＿＿＿（直播间名）都变得越来越好！